MATTHES & SEITZ BERLIN

PAPERBACK

Georges Bataille

Das Blau des Himmels

Aus dem Französischen von
Sigrid von Massenbach und Hans Naumann

Überarbeitet von
Tim Trzaskalik

Mit Beiträgen von
Marguerite Duras
und
Michel Surya

Matthes & Seitz Berlin

Inhalt

MARGUERITE DURAS

Apropos Georges Bataille

Schon beim Namen Bataille schreckt die Kritik zurück. Da sie nicht, wie sie es für erforderlich erachtet, über eine Kasuistik verfügt, um seine Finsternis anzugehen, wartet sie darauf, in einen kritischen Gnadenzustand zu geraten, um es zu versuchen. Die Jahre verstreichen: Die Leute leben weiterhin in der Illusion, dass sie eines Tages über Bataille werden sprechen können. Und so leben sie in ihrer Illusion neben der kapitalen Bedeutung seines Werkes hin. Die Enthaltung wird ihr Stolz. In größter Sorge um ihren Ruf werden sie sterben, ohne es zu wagen, diesen Stier bei den Hörnern zu packen.

Ein sehr lebhafter Wunsch: dass die jungen Leute es an unserer Stelle tun, dass sie wagen, was wir nicht zu tun wagen, ohne – an der Ecke – auf den von uns zu warten, der es wagen wird.

Nur zu sagen, dass die Klarheit für Bataille weniger wichtig ist als das, was das übliche Bemühen um Klarheit, durch das die literarische Tätigkeit gewöhnlich gelenkt wird, tötet und ermordet, ist zu wenig. Sein Werk gibt dem Irrtum die größte Chance: da die Sache nicht beschränkt begriffen wird. Edwarda[1] wird hinlänglich unverständlich bleiben, Jahrhunderte über, damit ihretwegen eine ganze Theologie getrieben wird. Georges Bataille hat sie aus der Finsternis geholt, aber es war ihm nicht möglich, sie noch mehr zu zeigen, als er sie uns zeigt, da die Sprache, über die er verfügt, nicht geeignet ist, sie ganz zu erhellen. Da das Thema Edwardas diesseits oder jenseits der üblichen Bedeutungen der Sprache liegt – wie sollte er darüber berichten?

Man kann also von Georges Bataille sagen, dass er überhaupt nicht schreibt, da er ja gegen die Sprache schreibt. Er erfindet, wie man nicht schreiben kann, während man schreibt. Er lässt uns die Literatur verlernen. Das Fehlen von *Stil* in *Das Blau des Himmels* ist eine Verzückung. Es ist, als ob der Autor keinerlei literarisches Gedächtnis hätte: Da hat die Kritik keinen Bürgen. Wie kann man in einem solchen Maße nicht schreiben? Das Wort gibt die Hoffnung auf, seine Funktion zu erfüllen, es büßt seine eigene Magie ein, es transportiert nur noch seine mögliche Bedeutung. Man hat den Eindruck, es zuerst verkehrt herum zu lesen und ihm dann, von seinem nachmaligen schlechten Umgang befreit, geheilt wiederzubegegnen.

Parallel hierzu müsste man vielleicht auch einmal sagen, dass in den Büchern Batailles auch der gängige Verstand nicht auf seine Kosten kommt. Dass er auf sich allein gestellt nichts mehr erreicht und dass er, um auf seine Kosten zu kommen, auf Eigenschaften des Körpers angewiesen ist, und auch, als notwendige Wunden, auf alles Unbekannte dieses Körpers und seiner selbst.

Wenn Edwarda auf der Bühne einer der größten Texte der zeitgenössischen Literatur erscheint, streckt sie die Zunge heraus und ist nackt. Und wenn ihre ältere Schwester, Dirty, sich gegen das Blau des Himmels abhebt, ist sie betrunken, umklammert mit beiden Händen ihre Schenkel, während sie in einen schmutzigen Vorhang beißt.

Edwarda und Dirty sind Gott. Bataille sagt es uns.

(Nichts kann uns gleichzeitig dunkler und klarer erscheinen als diese entscheidende Gleichsetzung. Die Äußerung fordert keinerlei Kritik heraus, in keiner Hinsicht. Entweder sie verschließt sich oder sie lässt sich von der Äußerung zu Abwegen hinreißen, in ihre eigene Finsternis hinein. Das heißt, dass sie sich von sich selbst scheiden lässt.)

Genets Abscheulichkeit, die von Bataille so hart kritisiert wurde[2], drückt die Einzigartigkeit seiner Figuren aus. Sie lässt sie auf sich selbst, auf ein im höchsten Grade einzigartiges Königtum stoßen, da sie unersetzlich und »inkommunikabel« ist ... Edwarda und Dirty sind dagegen Besessene der Enteignung. Wenn Dirty noch ein Wesen auf der Welt liebt und bevorzugt, so liebt und bevorzugt Edwarda nichts mehr. Ihr ist die Prostitution bis ins Herz gedrungen. Die Abscheulichkeit Batailles erlöst, im Gegensatz zu derjenigen Genets, seine Figuren von ihrer Einzigartigkeit und lässt sie auf ihre Unbestimmtheit stoßen. Sie befinden sich nicht mehr in der Schale eines individuellen Königtums, sondern sind im Gegenteil auf dem Weg ihrer Auflösung, ihrer Zerstörung: Es kommt vor, dass wir ihnen im Vorübergehen begegnen. Auf diese Weise sind Dirty und Edwarda da. Bataille begegnete ihnen eines Abends. Sie sind derart ihrer selbst enteignet, dass ihr *Schicksal* nicht mehr zur Debatte steht. Während uns bei Genet das Schicksal Armands[3], das dieser bis in den Tod hinein auf sich genommen hat, erschüttert. Der Unterschied zwischen der Anonymität der des Schicksals beraubten Kreatur und dem Helden, der dieses Schicksal lenkt, bis er selbst sein Fatum wird.

(1958)

1 Georges Bataille, *Das obszöne Werk*, Reinbek 1988.

2 Georges Bataille, *Die Literatur und das Böse*, Berlin, 2009.

3 Jean Genet, Gestalt aus dem *Tagebuch eines Diebes*, Hamburg 1961.

Das Blau des Himmels

Für André Masson

VORBEMERKUNG

Mehr oder weniger hängt jeder Mensch an den Erzählungen, *an den* Romanen, *die ihm die vielfältige Wahrheit des Lebens offenbaren. Einzig und allein diese zuweilen im Zustand der Trance gelesenen Erzählungen stellen ihn vor das Schicksal. Mit aller Leidenschaft müssen wir demnach erforschen, was* Erzählungen *sein können, was wir tun sollten, damit sich der* Roman *erneuert oder, genauer gesagt, fortlebt.*

Das Bemühen um verschiedene Techniken, die dem Überdruss an bekannten Formen abhelfen könnten, hält uns tatsächlich in Atem. Aber es ist mir unerklärlich – wenn wir wissen wollen, was ein Roman sein kann –, *warum nicht zunächst ein Fundament klar erkannt und genau abgesteckt wird. Die Erzählung, die die Möglichkeiten des Lebens offenbart, erfordert nicht unbedingt, erfordert aber letzten Endes doch ein Moment der* Raserei, *ohne das ihr Autor blind wäre für diese* exzessiven *Möglichkeiten. Ich glaube Folgendes: Nur die beklemmende und unmögliche Zerreißprobe gibt dem Autor die Mittel an die Hand, bis zu der fernen Vision zu gelangen, die ein Leser, den die engen Grenzen der Konventionen ermattet haben, von ihm erwartet.*

Wie können wir bei Büchern verweilen, zu denen der Autor nicht spürbar gezwungen *war?*

Diesen Grundsatz wollte ich aufstellen. Ich verzichte darauf, ihn zu rechtfertigen.

Ich beschränke mich darauf, einige Titel aufzuzählen, die meiner Forderung entsprechen (nur einige wenige, denn ich könnte ebenso gut andere nennen, doch ist die Unordnung der Maßstab für mein Vorhaben): Sturmhöhe, Der Prozeß, Auf der Suche nach der verlorenen Zeit, Rot und Schwarz, Eugénie de Franval, Das Todesurteil, Sarrazine, Der Idiot ...[1]

Ich habe mich hier spröde ausdrücken wollen.

Aber ich unterstelle keineswegs, dass allein schon ein Tobsuchtsanfall oder die Zerreißprobe des Leidens den Erzählungen zu ihrer Offenbarungskraft verhelfen. Ich erwähne dies hier nur, um in diesem Zusammenhang zu sagen, dass einzig und allein eine innere Qual, die mich fast zugrunde richtete, der Ursprung der ungeheuerlichen Anomalien von Das Blau des Himmels *ist. Diese Anomalien sind sein Fundament. Aber ich glaube mitnichten, dass dieses Fundament als solches schon einen Wert besitzt. Und daher hatte ich darauf verzichtet, dieses 1935 geschriebene Buch zu veröffentlichen. Mittlerweile aber haben mich Freunde, die von der Lek-*

türe des Manuskripts tief erschüttert waren, zur Veröffentlichung verleitet. Ich habe mich schließlich ihrem Urteil gefügt. Ich selbst allerdings hatte das Manuskript gewissermaßen vergessen.

Ich war seit 1936 entschlossen, nicht mehr daran zu denken.

Überdies hatten der Spanische Bürgerkrieg und der Zweite Weltkrieg die eng mit der Romanhandlung verwobenen historischen Ereignisse in gewisser Weise bedeutungslos werden lassen. Denn welche Bedeutung kann man diesen Vorzeichen angesichts der Tragödie selbst noch beimessen?

Hinzu kam noch die Unzufriedenheit, das Unbehagen, das mir das Buch als solches einflößt. Doch diese Umstände sind heute so weit entrückt, dass sich meine Erzählung, die sozusagen im Feuer des Ereignisses geschrieben wurde, unter den gleichen Bedingungen darbietet wie andere auch, die durch eine freie Entscheidung des Autors in einer unbedeutenden Vergangenheit angesiedelt sind. Heute bin ich weit entfernt von dem Geisteszustand, dem dieses Buch entsprungen ist; da nun das seinerzeit Entscheidende keine Rolle mehr spielt, füge ich mich dem Urteil meiner Freunde.

1 *Eugénie de Franval* des Marquis de Sade; *Das Todesurteil* von Maurice Blanchot; *Sarrazine*, die nur wenig bekannte Novelle von Balzac, eines seiner Meisterwerke.

EINLEITUNG

Im Keller einer Londoner Spelunke in einem der ungleichartigsten und schmutzigsten Viertel hatte sich Dirty betrunken. Regelrecht volllaufen lassen, ich stand neben ihr (meine Hand steckte noch in einem Verband, eine Schnittwunde durch ein zerbrochenes Glas). Dirty trug an jenem Tag ein prachtvolles Abendkleid (ich dagegen war unrasiert, meine Haare waren zerzaust). In wilde Zuckungen geraten streckte sie ihre langen Beine von sich. Die Kneipe war voller Männer, deren Blicke immer schauriger wurden. Diese verstörten Männerblicke erinnerten an erloschene Zigarren. Mit beiden Händen umklammerte Dirty ihre nackten Schenkel. Sie stöhnte, während sie in einen schmutzigen Vorhang biss. Sie war ebenso betrunken wie schön: Mit weit aufgerissenen und wutentbrannten Augen starrte sie in das Gaslicht.

»Was ist los?«, kreischte sie.

Gleichzeitig fuhr sie hoch, wie eine Staubwolke nach einem Kanoneneinschlag. Eine Flut von Tränen schoss ihr aus den wie bei einem Schreckbild weit hervorstehenden Augen.

»Troppmann!«, kreischte sie abermals.

Sie sah mich an, wobei sich ihre Augen mehr und mehr weiteten. Mit ihren langen schmutzigen Händen streichelte sie über meinen Kopf. Meine Stirn war fieberfeucht. Sie heulte, wie man sich erbricht, in wildem Flehen. Sie schluchzte so sehr, dass ihr Haar ganz nass von Tränen war.

In jeder Hinsicht war die Szene, die sich vor dieser abstoßenden Orgie abgespielt hatte und in deren Folge Ratten um zwei am Boden ausgestreckte Körper herumstreunen sollten – eines Dostojewski würdig ...

Die Trunkenheit hatte uns abdriften lassen, auf der Suche nach einer schaurigen Antwort auf die schaurigste Besessenheit.

Bevor uns der Alkohol völlig überwältigte, war es uns gelungen, uns in einem Zimmer des Savoy wiederzufinden. Dirty hatte bemerkt, dass der Liftboy sehr hässlich war (trotz seiner schönen Uniform hätte man ihn für einen Totengräber halten können).

Als sie mir das sagte, schien sie dabei fast zu lachen. Sie redete da bereits wirres Zeug, sie sprach wie eine Betrunkene.

»Weißt du«, vom Schluckauf geschüttelt brach

sie jeden Augenblick ab, »ich war noch ein Kind ... ich erinnere mich ... ich kam mit meiner Mutter hierher ... vor etwa zehn Jahren ... ich muss wohl zwölf Jahre gewesen sein ... Meine Mutter war eine verblühte Schönheit, so ähnlich wie die Königin von England ... Also, gerade als wir aus dem Fahrstuhl gehen wollen, vergisst der Liftboy ... eben der da ...«

»Welcher? ... Der da? ...«

»Ja, derselbe wie heute. Er hat den Fahrstuhl nicht rechtzeitig angehalten ... der Fahrstuhl fuhr zu hoch ... sie hat sich der Länge nach flachgelegt ... plumps gemacht ... meine Mutter ...«

Dirty brach in Gelächter aus, und wie eine Irre konnte sie damit gar nicht mehr aufhören.

Mühsam nach Worten suchend sagte ich zu ihr: »Lach nicht so, sonst wirst du nie mit deiner Geschichte fertig.«

Sie hörte auf zu lachen und begann zu kreischen: »Ah, ah! Ich werde verrückt ... ich werde ... Nein, nein, ich werde schon mit meiner Geschichte fertig ... Meine Mutter, die rührte sich nicht ... ihre Röcke wehten im Luftzug ... ihre weiten Röcke ... wie eine Tote ... rührte sie sich nicht mehr ... man hat sie aufgehoben, um sie ins Bett zu legen ... da fing sie an zu kotzen ... sie war total betrunken ... kurz zuvor hatte man noch nichts davon bemerkt ... diese Frau ... man hätte sie für eine Dogge halten können ... war furchterregend ...«

Beschämt sagte ich zu Dirty:

»Ich möchte mich auch so vor dir niederstrecken.«

»Würdest du auch kotzen?«, fragte Dirty, ohne zu lachen.

Sie fuhr mir mit der Zunge in den Mund.

»Vielleicht.«

Ich ging ins Badezimmer. Ich war ganz blass und betrachtete mich ohne jeden Grund lange im Spiegel: Ich war scheußlich unfrisiert, fast gemein, mit aufgedunsenen Zügen, nicht mal hässlich, und mit dem Mundgeruch eines Mannes, der gerade aus dem Bett kommt.

Dirty war allein im Zimmer, einem geräumigen, von vielen Deckenlampen erleuchteten Zimmer. Sie ging kerzengerade im Zimmer umher, so als ob sie damit nie mehr aufhören sollte: Sie schien buchstäblich verrückt.

Sie war bis zur Unschicklichkeit dekolletiert. Ihr blondes Haar hatte unter der Deckenbeleuchtung einen mir unerträglichen Glanz.

Dennoch flößte sie mir ein Gefühl von Reinheit ein – in ihr gab es, selbst in ihrer Ausschweifung gab es solch eine Unbedarftheit, dass ich mich manchmal ihr hätte zu Füßen legen mögen: Davor hatte ich Angst. Ich sah, dass sie am Ende war. Sie war dem Umfallen nahe. Sie begann, schwer zu atmen, wie ein Tier zu atmen: Sie drohte zu ersticken. Ihr böser, gehetzter Blick hätte mich beinahe um den Verstand gebracht. Sie blieb stehen: Unter ihrem langen Rock musste sie sich die Beine verrenken. Ganz gewiss würde sie nun der Wahn überkommen.

Sie drückte auf die Klingel, um das Zimmermädchen zu rufen.

Kurz darauf kam eine recht hübsche Bedienung mit rotem Haar und hellem Teint herein: Ihr schien ein an einem so luxuriösen Ort seltener Geruch den Atem zu verschlagen, der Geruch eines billigen Bordells. Dirty konnte sich nur noch an der Wand lehnend auf den Beinen halten; sie schien entsetzlich zu leiden. Ich weiß nicht, wo sie sich an jenem Tag mit billigem Parfüm eingedeckt hatte, aber in dem unsäglichen Zustand, in dem sie sich befand, schied sie überdies einen scharfen Schweißgeruch aus, der vermischt mit dem Parfüm an pharmazeutische Dämpfe erinnerte. Außerdem stank sie nach Whisky und rülpste ...

Die junge Engländerin war verwirrt.

»Hören Sie, ich brauche Sie«, sagte Dirty zu ihr; »aber zuvor holen Sie den Liftboy, ich muss ihm etwas sagen.«

Das Mädchen verschwand, und Dirty, die nun hin und her schwankte, setzte sich auf einen Stuhl. Unter großer Anstrengung gelang es ihr, eine Flasche und ein Glas neben sich auf den Boden zu stellen. Ihre Lider wurden schwer. Sie suchte mich mit Blicken, aber ich war nicht mehr da. Sie geriet in Panik. Mit verzweifelter Stimme rief sie:

»Troppmann!«

Keine Antwort.

Sie erhob sich und wäre ein paarmal fast gefallen. Sie kam bis zur Badezimmertür; sie sah mich kraftlos auf einem Stuhl sitzen, totenblass und aufgelöst; in meinem Wahnwitz hatte ich die Wunde an meiner rechten Hand wieder aufgerissen: Das Blut, das ich mit einem Handtuch zu stillen versuchte, tropfte unablässig zu Boden.

Dirty stand vor mir und starrte mich tierisch an. Ich wischte mir das Gesicht ab; und schmierte mir dabei Blut auf Stirn und Nase. Das elektrische Licht blendete mich. Es war unerträglich: Dieses Licht zerfraß einem die Augen.

Es klopfte an der Tür, und das Zimmermädchen trat vom Liftboy gefolgt herein.

Dirty sackte auf dem Stuhl zusammen. Nach einer Weile, die mir sehr lang erschien, fragte sie, ohne aufzusehen, mit gesenktem Kopf, den Liftboy:

»Waren Sie 1924 schon hier?«

Er nickte.

»Ich möchte Sie etwas fragen: Die große ältere Frau ... die beim Aussteigen aus dem Fahrstuhl hinfiel ... und die auf den Boden kotzte ... Erinnern Sie sich?«

Dirty sprach, ohne aufzusehen, als ob ihre Lippen abgestorben wären.

Die beiden peinlich berührten Dienstboten warfen einander verstohlene, fragende Blicke zu.

»Ich erinnere mich, ja, das stimmt«, gab der Liftboy zu.

(Dieser etwa vierzigjährige Mann hatte das Gesicht eines lüsternen Totengräbers, aber dieses Gesicht schien durch seinen schmierigen Glanz wie in Öl getaucht.)

»Ein Glas Whisky?«, fragte Dirty.

Keiner antwortete; die beiden standen ehrerbietig da, in peinlicher Erwartung.

Dirty ließ sich ihre Handtasche geben. Ihre Bewegungen waren so schwerfällig, dass sie eine gute Minute brauchte, bis sie mit der Hand auf den Grund der Tasche gelangt war. Als sie gefunden hatte, was sie suchte, warf sie ein Bündel Geldscheine auf den Boden und sagte einfach nur:

»Teilt euch das …«

Der Totengräber war nun beschäftigt. Er las das kostbare Bündel auf und zählte laut die Pfundnoten. Es waren zwanzig. Zehn davon gab er dem Zimmermädchen.

»Dürfen wir uns nun zurückziehen?«, fragte er nach geraumer Weile.

»Nein, nein, noch nicht, ich bitte Sie, setzen Sie sich.«

Sie schien dem Ersticken nahe. Das Blut stieg ihr ins Gesicht. Die beiden Dienstboten waren stehengeblieben und beobachteten sie voller Respekt, aber sie waren gleichfalls rot geworden und verängstigt, teils wegen des verblüffend hohen Trinkgeldes, teils wegen der unwahrscheinlichen und unbegreiflichen Situation.

Dirty saß wortlos auf dem Stuhl. Es verstrich ein

langer Augenblick; man hätte den Herzschlag eines jeden hören können. Ich ging bis zur Tür, mit blutverschmiertem Gesicht, bleich und krank, ich hatte Schluckauf und war nahe daran, mich zu übergeben. Die entsetzten Dienstboten sahen an dem Stuhl und den Beinen ihrer schönen Fragestellerin ein Bächlein hinabrinnen. Der Urin bildete auf dem Teppich eine Pfütze, die immer größer wurde, während unter Dirtys Kleid das Geräusch der erleichterten Eingeweide hörbar wurde, indes sie sich erschöpft und puterrot auf ihrem Stuhl krümmte wie ein Schwein unterm Messer ...

Angeekelt und zitternd musste das Zimmermädchen Dirty, die nun wieder ruhig und zufrieden schien, waschen. Sie ließ sich abputzen und einseifen. Der Liftboy lüftete, bis der Geruch ganz aus dem Zimmer gewichen war.

Dann erneuerte er meinen Verband, um das Blut zum Stillstand zu bringen.

Nun war wieder alles in Ordnung; das Zimmermädchen legte die Wäsche zusammen. Frisch gewaschen und parfümiert, schöner als je zuvor, trank Dirty weiter, sie streckte sich auf dem Bett aus. Sie forderte den Liftboy auf, sich zu setzen. Er setzte sich neben sie auf einen Sessel. In diesem Augenblick bewirkte die Trunkenheit, dass Dirty sich wie ein Kind, wie ein kleines Mädchen gehenließ.

Auch ohne etwas zu sagen, schien sie ganz und gar weggetreten.

Ab und zu lachte sie vor sich hin.

»Erzählen Sie mir«, sagte sie zu dem Liftboy, »in all den Jahren, die Sie im Savoy sind, müssen Sie doch haarsträubende Dinge mit angesehen haben.«

»Oh, eigentlich nicht«, entgegnete er, nachdem er zuvor einen Whisky heruntergekippt hatte, der ihn durchschüttelte und etwas ungezwungener zu machen schien. »Im Allgemeinen sind die Gäste hier sehr korrekt.«

»Ah, korrekt, nicht wahr, das sind Manieren: also, meine verstorbene Mutter, die vor Ihnen auf die Fresse fiel und Ihnen die Ärmel vollgekotzt hat ...«

Dirty brach in ein schräges Gelächter aus, ins Leere hinein, ohne ein Echo zu finden. Dann fuhr sie fort:

»Und wissen Sie, warum die alle so korrekt sind? Sie haben eine Sauangst, verstehen Sie, sie klappern mit den Zähnen, darum wagen sie nicht, sich etwas anmerken zu lassen. Ich spüre das, denn ich habe auch saumäßige Angst, ja doch, verstehen Sie, mein Lieber, sogar vor Ihnen. Ich habe eine Sterbensangst ...«

»Soll ich Madame ein Glas Wasser bringen?«, fragte das Zimmermädchen schüchtern.

»Ach, Scheiße!«, antwortete Dirty grob und streckte ihm die Zunge heraus, »ich bin krank, verstehen Sie doch, aber ich, ich hab was im Kopf.«

Darauf:

»Ihnen ist das ja wurscht, aber mich ekelt das an, verstehen Sie?«

Sanft, mit einer Geste, gelang es mir, sie zu unterbrechen.

Ich gab ihr noch einen Schluck Whisky und sagte zu dem Liftboy:

»Gestehen Sie nur, wenn es nach Ihnen ginge, würden Sie sie erwürgen!«

»Du hast recht«, krächzte Dirty, »sieh dir diese Riesenpranken an, diese Gorillapranken, behaart wie Hoden.«

»Aber«, beteuerte der entsetzte Liftboy und sprang auf, »Madame weiß, dass ich ihr zu Diensten stehe.«

»Nicht doch, Idiot, denkst du, ich brauch deine Hoden. Mir ist so schlecht.«

Sie röchelte und rülpste.

Das Zimmermädchen stürzte davon und brachte eine Schüssel. Es schien die Unterwürfigkeit selbst zu sein, vollkommen ehrbar. Ich saß reglos und blass da, und ich trank immer mehr.

»Und Sie da, Sie ehrbares Mädchen«, rief Dirty, sich nun dem Zimmermädchen zuwendend, »Sie masturbieren und betrachten die Teekannen im Schaufenster, die Sie in Ihren Haushalt schleppen möchten. Wenn ich Arschbacken hätte wie Sie, würde ich sie aller Welt zeigen; sonst krepiert man vor Scham, wenn man kratzt, findet man eines Tages das Loch.«

Plötzlich aufgeschreckt sagte ich zu dem Zimmermädchen:

»Spritzen Sie ihr ein paar Tropfen Wasser ins Gesicht ... Sie sehen doch, dass sie die Nerven verliert ...«

Sogleich machte sich das Zimmermädchen zu schaffen. Es legte ein feuchtes Handtuch auf Dirtys Stirn. Mühsam bewegte sich Dirty bis zum Fenster. Sie sah unter sich die Themse und im Hintergrund einige der ungeheuerlichsten Bauten Londons, die im Finstern noch riesiger wurden. An der frischen Luft fiel es ihr nicht schwer, sich zu übergeben. Erleichtert rief sie nach mir. Ich hielt ihr die Stirn und starrte dabei auf die Kloakenlandschaft, den Fluss und die Docks. Neben dem Hotel ragten übermütig luxuriöse und beleuchtete Riesengebäude empor.

Ich weinte fast, während ich London betrachtete, weil ich vor Angst verging. Während ich die frische Luft einatmete, verbanden sich Kindheitserinnerungen, die kleinen Mädchen zum Beispiel, mit denen ich ›Diabolo‹ und ›Alle Vögel fliegen hoch‹ spielte, mit der Vision der Gorillahände des Liftboys. Was da geschah, schien mir übrigens bedeutungslos und irgendwie lächerlich. Ich war leer. Es gelang mir nicht einmal, mir vorzustellen, wie ich diese Leere mit neuem Grauen ausfüllen sollte. Ich fühlte mich ohnmächtig und besudelt. In diesem Zustand von Widerwillen und Gleichgültigkeit begleitete ich Dirty auf die Straße. Dirty schleppte mich mit sich fort. Und dabei hätte ich mir kein heruntergekommeneres menschliches Geschöpf vorstellen können.

Übrigens erklärt einzig die Angst, die dem Körper nicht einen Augenblick Entspannung gönnt, eine wunderbare Ungezwungenheit: Uns gelang es, uns jedwede Lust zu verschaffen unter Verachtung aller auferlegten Schranken, sowohl im Zimmer des Savoy wie in jener Spelunke, wo immer es ging.

ERSTER TEIL

Ich weiß es.

Ich werde unter unehrenhaften Umständen sterben.

Ich weide mich heute daran, ein Gegenstand des Schreckens und des Abscheus zu sein für das einzige Wesen, dem ich verbunden bin. Was ich will: das Schlimmste, was einem über das Schlimmste lachenden Menschen widerfahren kann.

Der leere Kopf, in dem ›ich‹ bin, ist so ängstlich, so begierig geworden, dass nur noch der Tod ihn befriedigen kann.

Vor einigen Tagen kam ich – wirklich und nicht in einem Albtraum – in eine Stadt, die der Kulisse einer Tragödie ähnelte. Eines Abends – ich sage das nur, um in ein noch unglücklicheres Gelächter auszubrechen – war ich nicht der einzige Betrunkene, als ich zwei alten Päderasten zusah, wie sie sich tanzend im Kreise dreh-

ten, wirklich und nicht im Traum. Mitten in der Nacht trat der Komtur in mein Zimmer: Am Nachmittag war ich an seinem Grab vorbeigegangen, der Hochmut hatte mich dazu angestachelt, ihn in ironischem Ton einzuladen. Sein unerwartetes Kommen erschreckte mich.

Vor ihm zitterte ich. Vor ihm war ich ein Wrack. Neben mir lag das zweite Opfer: In ihrer äußersten Widerwärtigkeit glichen diese Lippen denen einer Toten. Speichel rann aus ihnen, der noch scheußlicher war als Blut. Seit jenem Tag bin ich zu dieser Einsamkeit verurteilt, die ich ablehne, die zu ertragen ich nicht mehr die Kraft habe. Aber ich habe nichts als einen Schrei, um die Einladung zu wiederholen, und schenkte ich einem blinden Zorn Glauben, suchte nicht mehr ich dann das Weite, sondern der Leichnam des Alten.

Nach einem schändlichen Leiden wird der Übermut, der trotz allem heimlich weiterbesteht, von neuem größer, zuerst ganz langsam, dann plötzlich, jählings, er blendet mich und stürzt mich in ein Glücksgefühl, das sich wider alle Vernunft behauptet.

Augenblicklich berauscht mich das Glücksgefühl, es macht mich trunken.

Ich schreie es heraus, ich singe es lauthals.

In meinem närrischen Herzen singt die Narrheit aus voller Kehle.

ICH TRIUMPHIERE!

ZWEITER TEIL

Das böse Vorzeichen

I

In der Phase meines Lebens, in der ich am unglücklichsten war, traf ich mich oft – aus unerfindlichen Gründen und ohne den geringsten Anflug eines sexuellen Reizes – mit einer Frau, die mich nur durch ihr absurdes Aussehen fesselte: als ob mein Los es verlangte, dass ein ›Unheilsvogel‹ mich auf diesem Wege begleitete. Als ich im Mai aus London zurückkam, war ich verstört und in einem Zustand fast krankhafter Überreizung. Aber diese Frau war sonderbar. Sie merkte gar nichts. Ich hatte Paris im Juni verlassen, um Dirty in Prüm zu treffen: Dann hatte Dirty, völlig außer sich, mich verlassen. Bei meiner Rückkehr war ich außerstande, des längeren eine normale Haltung zu bewahren. Ich traf den ›Unheilsvogel‹, sooft ich konnte, bei jeder Gelegenheit. Aber hin und wieder überkamen mich in ihrer Gegenwart Anfälle von Überreiztheit.

Das beunruhigte sie. Eines Tages fragte sie mich, was denn mit mir los sei: Etwas später sagte sie mir, sie hätte das Gefühl gehabt, ich könnte jeden Augenblick überschnappen.

Ich war verärgert. Ich antwortete ihr: »Kein bisschen.« Sie ließ nicht locker. »Ich verstehe, dass Sie nicht zum Reden aufgelegt sind: Es ist wohl besser, wenn ich Sie jetzt verlasse. Sie sind nicht ruhig genug, um Pläne zu erwägen ... Aber ich möchte Ihnen trotzdem sagen, dass ich mir langsam Sorgen mache ... Was werden Sie tun?«

Ich sah ihr unentschlossen in die Augen. Ich muss wohl einen verstörten Eindruck gemacht haben, als hätte ich einer Besessenheit entfliehen wollen, ohne ihr jedoch ausweichen zu können. Sie wandte den Kopf ab. Ich sagte ihr:

»Sie denken bestimmt, ich hätte getrunken?«

»Nein, wieso? Kommt das vor?«

»Häufig.«

»Das wusste ich nicht (sie hielt mich für einen soliden, ja grundsoliden Menschen, und für sie war Trunksucht mit höheren Ansprüchen unvereinbar). Aber ... Sie sehen aus, als seien Sie am Ende.«

»Es wäre besser, wir kämen auf den Plan zu sprechen.«

»Aber Sie sind ja viel zu müde. Sie sitzen zwar, aber Sie sehen aus, als ob Sie gleich umfallen ...«

»Schon möglich.«

»Was ist denn los?«

»Ich werde verrückt.«

»Aber warum?«

»Ich leide.«

»Was kann ich tun?«

»Nichts.«

»Können Sie mir nicht sagen, was Ihnen fehlt?«

»Ich glaube nicht.«

»Telegrafieren Sie Ihrer Frau, sie möge zurückkommen. Sie muss doch nicht unbedingt in Brighton bleiben, oder?«

»Nein. Übrigens hat sie mir geschrieben. Es ist besser, sie kommt nicht.«

»Weiß sie, in welchem Zustand Sie sich befinden?«

»Sie weiß auch, dass sie nichts daran ändern könnte.«

Der Frau versagten die Worte: Sie dachte wohl, dass ich unerträglich und schwächlich sei, dass es aber im Augenblick ihre Pflicht sei, mir da herauszuhelfen. Schließlich raffte sie sich auf, mir in rauem Ton zu sagen:

»So kann ich Sie hier aber nicht sitzen lassen. Ich werde Sie nach Hause zurückbringen ... oder zu Freunden ... wie Sie wollen ...«

Ich antwortete nicht. In diesem Augenblick begannen die Dinge, in meinem Kopf zu verschwimmen. Ich hatte es satt.

Sie begleitete mich bis nach Hause. Ich sprach kein einziges Wort mehr.

2

Gewöhnlich traf ich sie in einem kleinen Barrestaurant hinter der Börse. Ich lud sie ein, mit mir zu essen. Wir kamen nie dazu, eine Mahlzeit zu beenden. Die Zeit verging mit Diskussionen.

Sie war fünfundzwanzig Jahre alt, hässlich und sichtlich ungepflegt (während die Frauen, mit denen ich sonst ausging, gutgekleidet und hübsch waren). Ihr Familienname Lazare entsprach ihrem makabren Äußeren weit mehr als ihr Vorname. Sie war eigenartig, ziemlich lächerlich sogar. Mein Interesse an ihr war schwer zu erklären. Vermutlich eine Geistesstörung. So erschien es wenigstens meinen Freunden von der Börse.

Sie war zu jener Zeit das einzige Wesen, das mich aus meiner Niedergeschlagenheit riss: Kaum war sie zur Tür der Bar hereingekommen – ihre zermürbte schwarze Silhouette am Eingang dieser dem Zufall und dem Glück geweihten Stätte mutete wie eine stupide Erscheinung des Unheils an –, erhob ich mich und führte sie an meinen Tisch. Sie trug schwarze, schlechtgeschnittene und fleckige Kleider. Sie machte den Eindruck, als sähe sie nichts von ihrer Umgebung. Oft stieß sie im Vorbeigehen an die Tische. Sie trug keinen Hut, ihre kurzen, strähnigen und schlechtgekämmten Haare hingen wie Rabenflügel zu beiden Seiten ihres Gesichts herab. Eine große vergilbte Nase wie die einer mageren Jüdin lugte zwischen diesen Flügeln unter einer Stahlbrille hervor.

Sie verbreitete Unbehagen: Sie sprach langsam, mit der Ausgeglichenheit eines Geistes, der allem fremd war; Krankheit, Müdigkeit, Entbehrung oder Tod galten nichts in ihren Augen. Was sie bei den anderen von vornherein voraussetzte, war vollkommene Gelassenheit. Sie faszinierte sowohl durch ihren Scharfsinn als auch durch ihr visionäres Denken. Ich stellte ihr das Geld zur Verfügung, das sie für den Druck einer kleinen Monatszeitschrift brauchte, der sie sehr viel Bedeutung beimaß. Sie verfocht darin die Prinzipien eines Kommunismus, der recht anders aussah als der offizielle Moskauer Kommunismus. Sehr oft glaubte ich, sie sei tatsächlich verrückt und es sei meinerseits ein übler Scherz, mich auf ihr Spiel einzulassen. Ich suchte ihren Umgang, glaube ich, weil ihre Betriebsamkeit ebenso ziellos und ebenso unfruchtbar war wie mein eigenes Leben, und ebenso gestört. Am meisten interessierte mich an ihr die krankhafte Gier, die sie dazu trieb, ihr Leben und ihr Blut für die Sache der Enterbten aufzuopfern. Ich dachte bei mir, dass es das armselige Blut einer schmutzigen Jungfrau sei.

3

Lazare begleitete mich nach Hause. Sie betrat meine Wohnung. Ich bat sie, mich einen Brief meiner Frau lesen zu lassen, den ich vorfand. Es war ein acht oder zehn Seiten langer Brief. Meine Frau schrieb mir, dass sie mit ihren Kräften am Ende sei. Sie klagte sich an, mich zugrunde gerichtet zu haben, wo doch alles durch meine Schuld so gekommen war.

Dieser Brief erschütterte mich. Ich bemühte mich, nicht zu weinen, es gelang mir nicht. Ich ging auf die Toilette, um für mich allein zu weinen. Ich konnte nicht aufhören, und als ich herauskam, wischte ich mir meine ununterbrochen weiterfließenden Tränen aus dem Gesicht.

Ich zeigte Lazare mein nasses Taschentuch und sagte zu ihr: »Wie jämmerlich.«

»Haben Sie schlechte Nachrichten von Ihrer Frau?«

»Nein, lassen Sie es gut sein, ich verliere jetzt den Verstand, aber ich habe keinen eigentlichen Anlass.«

»Also nichts Schlimmes?«

»Meine Frau erzählt mir einen Traum, den sie hatte …«

»Wieso einen Traum? …«

»Das ist unwichtig. Sie können ihn lesen, wenn Sie wollen. Allerdings werden Sie ihn schwerlich verstehen.«

Ich reichte ihr eine der Seiten von Ediths Brief (ich glaubte nicht, dass Lazare etwas verstehen, sondern eher, dass sie erstaunt sein würde). Ich sagte mir: Ich bin vielleicht größenwahnsinnig, aber da muss man wohl durch, Lazare, ich oder ganz gleich wer.

Die Stelle, die ich Lazare zu lesen gegeben hatte, hatte nichts mit dem zu tun, was mich an dem Brief so erschüttert hatte.

»Diese Nacht«, schrieb Edith, »hatte ich einen Traum, der nicht enden wollte und der furchtbar auf mir lastet. Ich erzähle ihn Dir, weil ich Angst habe, ihn für mich zu behalten.

Wir beide waren mit ein paar Freunden zusammen, und es hieß, Du würdest, sobald Du hinausgingest, umgebracht werden. Und zwar, weil Du politische Artikel veröffentlicht hattest … Deine Freunde behaupteten, das wäre ohne Bedeutung. Du hast nichts gesagt, aber Du bist ganz rot geworden. Du wolltest keinesfalls ermordet werden, aber Deine

Freunde haben Dich mitgeschleppt, und Ihr seid alle weggegangen.

Da erschien ein Mann, der Dich töten wollte. Dazu musste er eine Lampe anzünden, die er in der Hand hielt. Ich ging neben Dir, und der Mann, der mir begreiflich machen wollte, dass er Dich ermorden würde, zündete die Lampe an: Aus ihr kam eine Kugel heraus, die durch mich hindurchging.

Du warst in Begleitung einer jungen Frau, und in diesem Augenblick begriff ich, was Du wolltest, und ich sagte zu Dir: ›Da man Dich töten wird, geh wenigstens, solange Du lebst, mit dieser Frau auf ein Zimmer und tue mit ihr, was Du willst.‹ Du antwortetest: ›Gern.‹ Du gingst mit der jungen Frau auf das Zimmer. Bald darauf erklärte der Mann, es sei nun Zeit. Er zündete die Lampe wieder an, es ging ein zweiter Schuss los, der für Dich bestimmt war, aber ich spürte, dass die Kugel mich traf und dass es aus war mit mir. Ich fuhr mir mit der Hand an die Brust: Sie war heiß und klebrig vom Blut. Es war entsetzlich.«

Ich hatte mich neben die lesende Lazare auf ein Sofa gesetzt. Ich begann wieder zu weinen, obwohl ich mich zu beherrschen versuchte. Lazare verstand nicht, dass ich wegen des Traumes weinte. Ich sagte ihr:

»Ich kann Ihnen nicht alles erklären, jedenfalls habe ich mich gegen alle, die ich geliebt habe, wie ein Feigling benommen. Meine Frau hat sich für mich aufgeopfert. Sie hat sich für mich um den Verstand gebracht, während ich sie betrog. Verstehen Sie: Wenn ich diese Geschichte lese, die sie geträumt hat, wünschte ich bei dem Gedanken an das, was ich alles getan habe, dass man mich tötet …«

Lazare sah mich an, wie man etwas ansieht, das jede Erwartung übertrifft. Sie, die gewöhnlich alles mit festem und sicherem Blick betrachtete, schien plötzlich aus der Fassung zu geraten: Sie war gleichsam von einer Starre befallen und sagte kein Wort mehr. Ich sah ihr ins Gesicht, aber wieder flossen mir die Tränen aus den Augen.

Ein Schwindelgefühl erfasste mich, ich verspürte das kindliche Bedürfnis zu seufzen:

»Ich müsste Ihnen alles erklären.«

Ich sprach mit Tränen. Die Tränen rannen mir über die Wangen, fielen mir auf die Lippen. Ich erklärte Lazare, so schonungslos ich konnte, was ich in London mit Dirty alles an Scheußlichkeiten getrieben hatte.

Ich sagte ihr, dass ich meine Frau in jeder Weise betrog, auch vorher schon, dass ich mich in Dirty derart vernarrt hatte, dass ich gegen alles unduldsam wurde, als ich begriff, dass ich sie verloren hatte.

Ich erzählte dieser Jungfrau mein ganzes Leben. So etwas einer Frau wie ihr zu erzählen (die, bei ihrer Hässlichkeit, das Dasein nur auf die lächerlichste Weise und in stoischer Verbissenheit erdulden konnte), war eine Rücksichtslosigkeit, deren ich mich schämte.

Ich hatte nie jemandem erzählt, was mir widerfahren war, und jeder Satz demütigte mich wie eine begangene Feigheit.

4

Dem Anschein nach sprach ich wie ein Unglücklicher, ganz gedemütigt, aber das war geschummelt. Im Grunde blieb ich gegenüber einer so hässlichen Frau wie Lazare zynisch verächtlich. Ich erklärte ihr:

»Ich werde Ihnen sagen, warum alles schiefging: aus einem Grunde, der Ihnen gewiss unbegreiflich erscheinen wird. Niemals habe ich eine schönere oder aufreizendere Frau gehabt als Dirty: Sie brachte mich schier um den Verstand, aber mit ihr im Bett war ich impotent ...«

Lazare begriff kein Wort von meiner Geschichte, sie wurde langsam gereizt. Sie unterbrach mich:

»Aber wenn sie Sie doch liebte, was war denn dann so schlimm?«

Ich brach in Lachen aus, und abermals schien Lazare verstimmt.

»Geben Sie zu«, sagte ich, »dass man keine erbaulichere Geschichte erfinden könnte: zwei verunsicherte Lustmolche, die nicht weiter kommen, als sich gegenseitig zu entmutigen. Aber ... mal im Ernst: Ich möchte Ihnen Einzelheiten lieber ersparen, und doch ist es nicht schwer, uns zu verstehen. Sie war Exzesse so sehr gewöhnt wie ich auch, und ich konnte sie nicht mit falschem Gehabe befriedigen.« (Ich flüsterte beinahe. Ich hatte den Eindruck, schwachsinnig zu sein, aber ich spürte das Bedürfnis zu reden; in meiner Not – so unsinnig es auch sein mochte – war es besser, dass Lazare da war. Sie war da, und ich war weniger verstört.) Ich sprach mich aus:

»Das ist nicht schwer zu verstehen. Ich geriet dabei ins Schwitzen. Die Zeit verging mit nutzlosen Anstrengungen. Am Ende befand ich mich in einem Zustand äußerster körperlicher Erschöpfung, aber die seelische Erschöpfung war noch schlimmer. Sowohl für sie als auch für mich. Sie liebte mich, und dennoch, am Ende sah sie mich stumpf an, mit einem flüchtigen, ja sogar verbitterten Lächeln. Sie wurde durch mich erregt, ich durch sie, aber wir kamen nie weiter, als uns gegenseitig zu entmutigen. Verstehen Sie: Man wird ekelig ... Alles war unmöglich. Ich fühlte mich verloren und dachte in jenem Augenblick nur noch daran, mich unter einen Zug zu werfen ...«

Ich machte eine Pause. Dann sagte ich: »Es war da stets ein Nachgeschmack von Verwesung.«

»Was wollen Sie damit sagen?«

»Vor allem in London ... Als ich sie dann in Prüm wiedertraf, vereinbarten wir, dass etwas Derartiges in Zukunft nicht mehr vorkommen solle, aber wozu ... Sie können sich nicht vorstellen, bis zu welchem Grad von Verirrung man kommen kann. Ich fragte mich, warum ich bei ihr impotent war, nicht aber bei den anderen. Alles lief wie am Schnürchen, wenn ich eine Frau verachtete, zum Beispiel eine Prostituierte. Nur bei Dirty hatte ich immer Lust, mich ihr zu Füßen zu werfen. Ich achtete sie zu sehr, und ich achtete sie gerade, weil sie vor lauter Ausschweifungen ganz verloren war ... All das muss für Sie unausdenkbar sein ...«

Lazare unterbrach mich:

»Ich verstehe tatsächlich nicht. In Ihren Augen degradiert die Ausschweifung also die Prostituierten, die von ihr leben. Ich sehe nicht ein, warum sie diese Frau veredeln sollte ...«

Die Spur von Verachtung, mit der Lazare ›diese Frau‹ gesagt hatte, erweckte in mir den Eindruck unentwirrbaren Unsinns. Ich betrachtete die Hände des armen Mädchens: schmutzige Nägel, die Hautfarbe wie bei einer Leiche; mir ging der Gedanke durch den Kopf, dass sie sich nach Verlassen eines gewissen Ortes offenbar nicht gewaschen hatte ... Bei anderen stört mich das nicht weiter, aber Lazare widerte mich physisch an. Ich sah ihr ins Gesicht. In diesem Zustand gesteigerter Angst fühlte ich mich – im Begriff, wahnsinnig zu werden – wie gemartert; es war zugleich komisch und schaurig, als säße mir ein Rabe, ein Unheilsvogel, ein Müllschlucker auf der Hand.

Ich dachte: Endlich hat sie einen guten Grund gefunden, mich zu verachten. Ich betrachtete meine Hände: Sie waren sonnengebräunt und sauber; mein heller Sommeranzug war gepflegt. Dirtys Hände waren meistens blitzblank, die Nägel von der Farbe frischen Blutes. Warum ließ ich mich aus der Fassung bringen durch dieses misslungene Geschöpf voller Verachtung für das Glück der anderen? Ich musste wohl ein rechter Jammerlappen, ein Trottel sein, aber an dem Punkt, an dem ich angelangt war, nahm ich das ohne weiteres hin.

5

Als ich auf die Frage antwortete – nach einem langen Zögern, als wäre ich sprachlos –, ging es mir nur noch darum, von einer recht vagen Anwesenheit zu profitieren, um einer unerträglichen Einsamkeit zu entrinnen. Trotz ihres entsetzlichen Aussehens besaß Lazare in meinen Augen so gut wie keine Existenz. Ich sagte zu ihr:

»Dirty ist das einzige Wesen auf der Welt, das mich je zur Bewunderung gezwungen hat ...« (in gewisser Hinsicht log ich: Sie war vielleicht nicht die Einzige, aber in einem tieferen Sinne entsprach es der Wahrheit). Ich fügte hinzu:

»Ich fand es berauschend, dass sie sehr reich war; sie konnte also den anderen ins Gesicht spucken. Ich bin mir ganz sicher: Sie hätte Sie verachtet. Sie ist nicht wie ich ...«

Ich versuchte zu lächeln, erschöpft vor Müdigkeit.

Wider alles Erwarten nahm Lazare die Sätze auf, ohne die Augen niederzuschlagen: Sie war gleichgültig geworden. Ich fuhr fort:

»Jetzt möchte ich lieber bis zum Ende gehen ... Wenn Sie wollen, erzähle ich Ihnen die ganze Geschichte. In Prüm kam der Moment, da ich mir einbildete, bei Dirty impotent zu sein, weil ich nekrophil bin ...«

»Was sagen Sie?«

»Jedenfalls keinen Unsinn.«

»Ich verstehe nicht ...«

»Wissen Sie, was nekrophil bedeutet?«

»Warum machen Sie sich über mich lustig?«

Ich wurde ungeduldig.

»Ich mache mich nicht über Sie lustig.«

»Was bedeutet es also?«

»Nichts Besonderes.«

Lazare reagierte kaum, als ob es sich um eine freche Kinderei handelte. Sie erwiderte:

»Haben Sie einen Versuch gemacht?«

»Nein, so weit bin ich nie gegangen. Das einzige Erlebnis, das ich hatte, bestand darin, dass ich eine Nacht in einer Wohnung verbracht habe, in der soeben eine alte Frau gestorben war; sie lag auf ihrem Bett, wie andere auch, zwischen zwei Kerzen, die Arme längs des Körpers, die Hände nicht gefaltet. Die Nacht über war niemand im Zimmer. In jenem Augenblick wurde ich mir darüber klar.«

»Wie?«

»Ich würde gegen drei Uhr nachts wach. Ich kam auf den Gedanken, in das Zimmer zu gehen, in dem die Leiche lag. Ich war starr vor Schrecken, aber sosehr ich auch zitterte, ich blieb vor dem Leichnam stehen. Schließlich zog ich meinen Pyjama aus.«

»Wie weit sind Sie gegangen?«

»Ich habe mich nicht gerührt. Ich war so verwirrt, dass ich fast den Verstand darüber verloren hätte; es überkam mich einfach beim bloßen Hinsehen.«

»War die Frau noch schön?«

»Nein. Vollkommen verwelkt.«

Ich glaubte, Lazare würde nun endlich in Zorn geraten, aber sie blieb so gelassen wie ein Pfarrer, der eine Beichte abnimmt. Sie beschränkte sich darauf, mich zu unterbrechen:

»Das erklärt noch lange nicht, warum Sie impotent waren.«

»Doch. Oder jedenfalls meinte ich, als ich mit Dirty lebte, dies sei die Erklärung. Auf alle Fälle begriff ich, dass die Prostituierten auf mich eine ähnliche Anziehungskraft ausübten wie Leichen. So las ich zum Beispiel die Geschichte eines Mannes, der sie mit weiß gepudertem Körper – wie eine Tote zwischen zwei Kerzen – zu nehmen pflegte. Aber darum ging es nicht. Ich sprach mit Dirty darüber, was man tun könne, aber sie regte sich nur über mich auf ...«

»Warum täuschte Dirty aus Liebe zu Ihnen nicht eine Tote vor? Ich nehme an, sie wäre vor einer solchen Kleinigkeit nicht zurückgeschreckt.«

Ich musterte Lazare, erstaunt, dass sie die Sache so unverblümt betrachtete; ich hatte Lust zu lachen:

»Sie ist nicht zurückgeschreckt. Übrigens ist sie bleich wie eine Tote. Zumal in Prüm, wo sie fast krank war. Eines Tages schlug sie mir sogar vor, einen Priester kommen zu lassen: Sie wollte die Letzte Ölung empfangen, während sie vor mir die Agonie simulierte, aber diese Komödie erschien mir unerträglich. Es war offenkundig lächerlich, vor allem aber erschreckend. Wir konnten einfach nicht mehr. Eines Abends lag sie nackt auf ihrem Bett. Ich stand neben ihr, gleichfalls nackt. Sie wollte mich erregen und erzählte mir von Leichen ... ohne Wirkung ... Auf dem Bettrand sitzend begann ich zu weinen. Ich sagte ihr, ich sei ein armer Irrer: Ich sank auf dem Bettrand zusammen. Sie war totenblass geworden: Kalter Schweiß trat ihr auf die Stirn ... Sie begann mit den Zähnen zu klappern. Ich berührte sie, sie war kalt. Ihr Blick war leer. Sie war fürchterlich anzusehen ... Plötzlich begann ich zu zittern, als habe das Verhängnis mich am Handgelenk gepackt, um es zu verrenken und mich so zum Schreien zu zwingen. Vor Angst hörte ich auf zu weinen. Mein Mund war ganz ausgetrocknet. Ich zog mich an. Ich wollte sie in meine Arme nehmen und mit ihr reden. Sie stieß mich zurück, aus Grauen vor mir. Sie war wirklich krank ...

Sie erbrach sich auf den Fußboden. Allerdings hatten wir den ganzen Abend lang getrunken ... Whisky.«

»Natürlich«, unterbrach Lazare.

»Wieso ›natürlich‹?«

Ich sah Lazare hasserfüllt an. Ich fuhr fort:

»So ging es zu Ende. Von dieser Nacht an hat sie nicht mehr geduldet, dass ich sie anfasse.«

»Sie hat Sie verlassen?«

»Nicht gleich. Wir haben sogar noch einige Tage zusammengewohnt. Sie sagte, dass sie mich nicht weniger liebe, im Gegenteil, sie fühle sich mir eng verbunden, aber sie empfinde Grauen vor mir, ein unüberwindliches Grauen.«

»Unter diesen Bedingungen konnten Sie wohl nicht wünschen, dass es so weiterging.«

»Ich konnte überhaupt nichts wünschen, aber bei der Vorstellung, dass sie mich verlassen würde, verlor ich den Verstand. Wir waren so weit gekommen, dass jemandem, der uns in dem Zimmer gesehen hätte, sofort der Gedanke gekommen wäre, es müsse ein Toter dort liegen. Wir gingen wortlos ein und aus. Von Zeit zu Zeit, wenn auch nur selten, sahen wir uns an. Wie hätte das weitergehen sollen?«

»Aber wie haben Sie sich getrennt?«

»Eines Tages sagte sie mir, sie müsse abreisen. Sie wollte nicht sagen, wohin. Ich fragte sie, ob ich sie begleiten dürfe. Vielleicht, antwortete sie. Wir fuhren zusammen nach Wien. In Wien nahmen wir bis zum Hotel einen Wagen. Als der Wagen hielt, bat sie mich, die Zimmerfrage zu regeln und in der Halle auf sie zu warten: Sie musste vorher noch auf die Post. Ich ließ das Gepäck hineintragen, sie blieb im

Wagen. Sie fuhr ab, ohne ein Wort zu sagen: Ich hatte das Gefühl, sie sei übergeschnappt. Es stand seit langem fest, dass wir nach Wien fahren würden, und ich hatte ihr meinen Pass gegeben, um meine Briefe in Empfang zu nehmen. Überdies befand sich alles Geld, das wir besaßen, in ihrer Handtasche. Ich wartete drei Stunden in der Halle. Es war Nachmittag. An diesem Tag stürmte es draußen, die Wolken hingen tief, aber es war so heiß, dass man nicht atmen konnte. Es war klar, dass sie nicht wiederkommen würde, und sogleich dachte ich, dass ich nun dem Tode nahe sei.«

Diesmal schien Lazare, die mich fest anblickte, gerührt zu sein. Ich hielt inne, worauf sie mich teilnahmsvoll bat, ihr zu erzählen, was dann geschah.

Ich berichtete weiter:

»Ich ließ mich in das Zimmer führen, wo zwei Betten standen und ihr ganzes Gepäck ... Ich kann nur sagen, dass sich der Tod in meinem Kopf einnistete ... Ich erinnere mich nicht mehr, was ich in dem Zimmer getan habe ... Irgendwann bin ich ans Fenster gegangen und habe es geöffnet: Der Wind war sehr laut und das Gewitter kam näher. Genau mir gegenüber auf der Straße hing ein langes schwarzes Fahnentuch. Es war gut acht bis zehn Meter lang. Der Sturm hatte es halb losgerissen: Es sah aus, als schlüge es mit den Flügeln. Es fiel nicht: Laut knatterte es in der Höhe des Daches im Wind. In wirren Formen rollte es sich auf; wie ein Tintenrinnsal, das sich in die Wolken ergossen hätte. Dieser Zwischenfall scheint nichts mit meiner Geschichte zu tun zu haben, aber für mich war es, als ob ein Tintengefäß in meinem Kopf geplatzt wäre, und an jenem Tag war ich überzeugt, sehr bald sterben zu müssen: Ich blickte hinunter, aber an der tieferliegenden Etage war ein Balkon. Ich wand mir die Gardinenschnur um den Hals. Sie schien stark genug zu sein: Ich stieg auf einen Stuhl und machte eine Schlinge in die Schnur; dann wollte ich mir alles noch einmal genau besehen: Ich wollte wissen, ob es noch ein Zurück gegeben hätte, sobald ich mit einem Fußtritt den Stuhl umgeworfen haben würde. Aber ich löste die Schlinge wieder und stieg vom Stuhl hinunter. Wie leblos brach ich auf dem Teppich zusammen. Ich weinte, bis ich nicht mehr konnte ... Schließlich erhob ich mich wieder: Ich erinnere mich, dass ich einen schweren Kopf hatte. Ich war absurd kaltblütig, gleichzeitig glaubte ich, verrückt zu werden. Ich erhob mich unter dem Vorwand, dem Schicksal ins Angesicht zu schauen. Ich trat wieder ans Fenster: Das schwarze Fahnentuch war noch immer da, aber es regnete in Strömen; es war dunkel, es blitzte und donnerte ...«

All das war für Lazare nicht mehr interessant; sie fragte mich:

»Wozu hing da ein schwarzes Fahnentuch?«

Ich bekam Lust, sie in Verlegenheit zu bringen, vielleicht, weil ich mich schämte, wie ein Größenwahnsinniger gesprochen zu haben. Lachend sagte ich:

»Sie kennen doch die Geschichte von dem schwarzen Tischtuch, das die Tafel bedeckt, wenn Don Juan zum Nachtmahl erscheint?«

»Was hat das mit Ihrem schwarzen Fahnentuch zu tun?«

»Nichts, außer dass die Tischdecke auch schwarz war ... Man hatte das Fahnentuch zu Ehren des ermordeten Dollfuß gehisst.«

»Waren Sie zum Zeitpunkt seiner Ermordung in Wien?«

»Nein, in Prüm, aber ich kam am nächsten Tag nach Wien.«

»Sicher waren Sie sehr bewegt, als Sie dort hinkamen.«

»Nein.« (Mir graute vor dieser unsinnigen Frau, hässlich, wie sie war, vor ihrer ständigen Besorgnis.) »Übrigens hätte der Krieg, wenn er damals ausgebrochen wäre, nur dem entsprochen, was in meinem Kopf vor sich ging.«

»Wie hätte denn der Krieg dem entsprechen können, was in Ihrem Kopf vorging? Wären Sie zufrieden gewesen, wenn er ausgebrochen wäre?«

»Warum nicht?«

»Sie glauben, dem Krieg könnte eine Revolution folgen?«

»Ich spreche vom Krieg, ich spreche nicht von dem, was ihm folgen könnte.«

Damit hatte ich sie heftiger vor den Kopf gestoßen als mit allem, was ich ihr sonst hätte sagen können.

Die mütterlichen Fußstapfen

I

Ich traf Lazare seltener.

Mein Dasein bewegte sich auf zusehends schieferer Bahn. Ich trank Alkohol, wohin ich kam, ich schlenderte ziellos umher, und am Ende nahm ich ein Taxi, um nach Hause zurückzukehren; auf dem Rücksitz des Taxis dachte ich dann an die verlorene Dirty und schluchzte. Ich litt nicht einmal mehr. Ich hatte nicht mehr die mindeste Angst. Ich spürte im Kopf nurmehr eine vollendete Blödigkeit, wie ein nicht enden wollendes Kindischsein. Ich staunte über die Verstiegenheiten, die ich mir hatte einfallen lassen – ich dachte an die Ironie und den Mut, die ich bewiesen hatte, als ich das Schicksal herausfordern wollte: Von alldem blieb mir nichts als das Gefühl, eine Art Idiot zu sein, sehr rührend vielleicht, auf jeden Fall aber lächerlich.

Ich dachte noch immer an Lazare, und jedes Mal

zuckte ich dabei zusammen: Begünstigt durch meine Müdigkeit hatte sie für mich eine ähnliche Bedeutung angenommen wie die schwarze Fahne, die mich in Wien so erschreckt hatte. Infolge der unangenehmen Worte, die wir über den Krieg gewechselt hatten, sah ich in diesen schaurigen Vorzeichen jetzt nicht mehr nur eine Bedrohung meiner eigenen Existenz, sondern eine viel allgemeinere, über der Welt schwebende Bedrohung ... Sicher, es gab nichts Reales, das einen Zusammenhang zwischen dem möglichen Krieg und Lazare rechtfertigte, die im Gegenteil behauptete, ein Grauen vor allem zu haben, was an den Tod rührt: Gleichwohl, ihr stockender und schlafwandlerischer Gang, der Tonfall ihrer Stimme, die ihr eigene Fähigkeit, eine Art Stille um sich zu verbreiten, ihre Opfergier, all das trug dazu bei, den Eindruck zu erwecken, sie habe mit dem Tod einen Vertrag geschlossen. Ich spürte, dass nur für die Menschen, die dem Unheil geweiht sind, und nur für die Welt, die zum Untergang bestimmt ist, solch ein Dasein einen Sinn haben konnte. Eines Tages erhellte sich etwas in meinen Kopf, und ich beschloss, mich sofort von all den Sorgen zu befreien, die ich mit ihr gemein hatte. Diese unerwartete Liquidation war so lächerlich wie mein übriges Leben ...

Unter dem Eindruck dieser Entscheidung und von Heiterkeit erfüllt ging ich aus. Nachdem ich lange so vor mich hin gelaufen war, strandete ich auf der

Terrasse des Café de Flore. Ich setzte mich an einen Tisch zu Leuten, die ich nur flüchtig kannte. Ich hatte den Eindruck, lästigzufallen, ging aber trotzdem nicht weg. Sie sprachen mit größtem Ernst über alles, was sich ereignet hatte und worüber informiert zu sein *nützlich* war: Sie alle erschienen mir von fragwürdiger Realität und hohlköpfig. Ich hörte ihnen über eine Stunde zu, ohne mehr als ein paar Worte zu äußern. Anschließend ging ich zum Boulevard Montparnasse in ein Restaurant rechter Hand vom Bahnhof. Dort aß ich auf der Terrasse die leckersten Dinge, die es gab, und fing an, Rotwein zu trinken, viel zu viel. Gegen Ende der Mahlzeit tauchte, obwohl es schon sehr spät war, ein Paar auf, Mutter und Sohn. Die Mutter war nicht alt, noch recht verführerisch und schlank, sie war von bezaubernder Ungezwungenheit: Das war weiter nicht von Belang, aber da ich an Lazare dachte, empfand ich den Anblick dieser Frau umso angenehmer, als sie reich zu sein schien. Ihr Sohn saß ihr gegenüber, sehr jung, fast stumm, in feinem Zwirn aus grauem Flanell. Ich bestellte Kaffee und begann zu rauchen. Ich wurde durch einen heftigen Schmerzensschrei aufgestört, dem ein Röcheln folgte: In den Sträuchern, die die Terrasse umsäumten, und dann genau unter dem Tisch der beiden Gäste, die ich betrachtete, hatte eine Katze eine andere an der Gurgel gepackt. Die jugendliche Mutter sprang auf und stieß einen schrillen Schrei aus: Sie erblasste. Rasch begriff sie, dass es sich um Katzen und nicht um Menschen handelte, da lachte sie (dabei wirkte sie nicht lächerlich, sondern schlicht). Die Kellnerinnen und der Wirt kamen auf die Terrasse, sie erklärten lachend, das sei eine Katze, die als besonders angriffslustig bekannt sei. Auch ich lachte mit ihnen.

Dann verließ ich das Restaurant in dem Glauben, bester Laune zu sein, doch während ich durch eine verlassene Straße schlenderte, ohne zu wissen, wohin ich ging, begann ich zu schluchzen. Ich konnte nicht mehr aufhören. Ich war so lange gelaufen, dass ich nach einem weiten Weg die Straße erreicht hatte, in der ich wohnte. Zu diesem Zeitpunkt weinte ich noch immer. Vor mir gingen laut lachend drei junge Mädchen und zwei lärmende Burschen: Die Mädchen waren nicht hübsch, aber ohne Zweifel leichtfertig und erregt. Ich hörte auf zu weinen und folgte ihnen bis zu meiner Haustür. Der Tumult erregte mich so sehr, dass ich, anstatt ins Haus zu gehen, entschlossen wieder kehrtmachte. Ich hielt ein Taxi an und ließ mich ins ›Tabarin‹ fahren. Gerade als ich eintrat, bewegte sich eine Reihe fast nackter Tänzerinnen auf der Tanzfläche: Einige von ihnen waren sehr hübsch und jung. Ich ließ mir einen Platz am Rande der Tanzfläche anweisen (jeden anderen Platz hatte ich abgelehnt), aber der Saal war überfüllt, und dort, wo mein Stuhl stand, war der Boden etwas höher: Der Stuhl schien somit in der Luft zu schweben: Ich meinte, ich würde jeden Augenblick das Gleichgewicht verlieren und mich der Länge nach inmitten der nackt tanzenden Mädchen auf die Nase legen. Mein Gesicht glühte, es war sehr heiß, ich musste mir mit einem bereits nassen Taschentuch den Schweiß von der Stirn wischen, und es fiel mir schwer, mein Glas vom Tisch zum Mund zu führen. In dieser lächerlichen Situation wurde meine auf dem Stuhl schwankend aus dem Gleichgewicht geratende Existenz zur Verkörperung des Unglücks, wohingegen die Tänzerinnen auf der lichtüberfluteten Tanzfläche das Abbild des ungreifbaren Glücks waren.

Eine der Tänzerinnen war schlanker und schöner als die anderen: Sie trat mit dem Lächeln einer Göttin auf, in einem Abendkleid, das ihr ein majestätisches Aussehen verlieh. Am Ende des Tanzes war sie dann vollkommen nackt, aber in diesem Augenblick von kaum zu glaubender Eleganz und Zartheit: Der malvenfarbene Strahl der Scheinwerfer ließ ihren langen wie Perlmutt glänzenden Körper zu einem Wunderwerk von gespenstischer Blässe werden. Ich betrachtete ihren nackten Hintern mit dem Entzücken eines kleinen Jungen: als hätte ich in meinem Leben noch nie etwas so Reines, etwas so wenig *Wirkliches* gesehen, so schön war er. Als sich das Spiel mit dem nach und nach aufgeknöpften Kleid zum zweiten Mal vollzog, verschlug es mir derart den Atem, dass ich mich an meinem Stuhl festklammerte, ausgeleert. Ich verließ den Saal. Ich irrte von einem Café auf eine Straße, von einer Straße in einen Nachtbus; ohne es zu wollen, stieg ich aus dem Bus aus und trat ins ›Sphynx‹. Ich begehrte eine nach der anderen all die jungen Frauen, die sich in diesem Saal jedem Eintretenden anboten; ich hatte nicht die Absicht, in ein Zimmer hinaufzugehen; ein unwirkliches Licht verwirrte mich unablässig. Dann begab ich mich ins ›Dôme‹ und ich wurde immer schlaffer. Ich aß eine Bratwurst und trank einen milden Champagner. Das stärkte mich zwar, schmeckte aber scheußlich. Zu so später Stunde blieben nur wenige Leute an diesem entwürdigenden Ort: Männer von grobem Gemüt und alte hässliche Frauen. Anschließend betrat ich eine Bar, in der eine ordinäre, nicht einmal hübsche Frau am Tresen hockte, mit dem Barmixer tuschelte und von Zeit zu Zeit aufmaulte. Ich hielt dann ein Taxi an, diesmal ließ ich mich wirklich heimfahren. Es war vier Uhr morgens, aber anstatt mich schlafen zu legen, tippte ich bei weitgeöffneten Türen einen Bericht in die Maschine.

Meine Schwiegermutter, die aus Gefälligkeit zu mir gezogen war (sie besorgte in Abwesenheit meiner Frau den Haushalt), wachte auf. Sie rief mir aus ihrem Bett von einem Ende der Wohnung zum anderen durch alle Türen hindurch zu:

»Henri ... Edith hat gegen elf Uhr aus Brighton angerufen; Sie können sich denken, dass sie sehr enttäuscht war, Sie nicht erreicht zu haben.«

Tatsächlich hatte ich seit dem Vorabend einen

Brief von Edith in der Tasche. Sie teilte mir darin mit, dass sie am Abend nach zehn anrufen würde, und was musste ich für ein Feigling sein, dass ich das vergessen konnte. Zumal ich wieder weggegangen war, als ich bereits vor der Haustür stand! Etwas Abscheulicheres konnte ich mir nicht vorstellen. Meine Frau, die ich aufs Schändlichste im Stich gelassen hatte, rief mich voller Sorge aus England an, während ich, dies vergessend, meinen Verfall und Stumpfsinn durch die verruchtesten Orte schleifte. Alles war falsch, sogar mein Leiden. Ich begann abermals zu weinen, sosehr ich nur konnte: Mein Schluchzen hatte weder Hand noch Fuß.

Die Leere blieb. Ein Idiot, der sich betrinkt und weint – ich war dabei, genau das zu werden. Lächerlich. Um dem Gefühl zu entrinnen, der letzte Dreck zu sein, gab es nur ein Heilmittel, ein Glas nach dem anderen in sich hineinzuschütten. Ich hoffte, meine Gesundheit zugrunde zu richten, vielleicht sogar mein sinnloses Leben. Ich dachte mir, der Alkohol würde mich umbringen, aber ich hatte keine genaue Vorstellung. Vielleicht würde ich immer weiter trinken und dann daran sterben; oder ich würde nicht mehr trinken ... Für den Augenblick war alles bedeutungslos.

2

Ziemlich betrunken stieg ich bei ›Francis‹ aus einem Taxi. Wortlos setzte ich mich an einen Tisch zu Freunden, die ich dort treffen wollte. Gesellschaft tat mir gut, sie ließ mich von meinem Größenwahn abrücken. Ich war nicht der Einzige, der getrunken hatte. Wir gingen in ein Restaurant für Taxichauffeure essen: Es waren nur drei Frauen darunter. Bald stand der Tisch voll leerer oder halbleerer Rotweinflaschen. Meine Nachbarin hieß Xenia. Beim Nachtisch erzählte sie mir, dass sie gerade vom Lande zurückgekommen sei und in dem Haus, in dem sie die Nacht verbracht hätte, auf der Toilette einen Nachttopf gesehen habe, randvoll mit einer weißlichen Flüssigkeit, in der eine Fliege ertrank: Sie sprach davon, weil ich ein Sahneherz aß und die Farbe der Sahne sie anekelte. Sie selbst aß Blutwurst und trank den Rotwein, den ich ihr einschenkte, immer aus. Sie verschlang die Blutwurst wie ein Bauernmädchen, doch das war Pose. Sie war ganz einfach eine müßige und zu reiche junge Frau. Vor ihrem Teller sah ich eine avantgardistische Zeitschrift mit grünem Umschlag, die sie mit sich herumtrug. Ich blätterte darin und stieß auf einen Satz, in dem ein Landpfarrer mit der Spitze einer Mistgabel ein Herz aus einem Misthaufen herauszog. Ich wurde zusehends betrunkener und das Bild von der im Nachttopf ertrunkenen Fliege verband sich mit Xenias Gesicht. Xenia war blass, sie hatte hässliche Haarbüschel und Fältchen am Hals. Ihre weißen Lederhandschuhe lagen makellos auf dem Papiertischtuch neben Brotkrümeln und Rotweinflecken. Der Tisch war sehr laut. Ich nahm heimlich eine Gabel in die rechte Hand und führte diese Hand langsam an Xenias Schenkel heran.

Zu diesem Zeitpunkt hatte ich die blökende Stimme eines Betrunkenen, aber das war zum Teil Komödie. Ich sagte zu ihr:

»Dein Herz ist frisch ...«

Ich fing plötzlich an zu lachen. Ich dachte (als ob das irgendwie komisch sei): ein Sahneherz ... Ich hätte am liebsten gekotzt.

Sie war anscheinend deprimiert, doch antwortete sie ohne schlechte Laune, versöhnlich:

»Ich werde Sie enttäuschen, aber es stimmt: Ich habe noch nicht viel getrunken, und ich möchte nicht lügen, um Sie zu amüsieren.«

»Also …«, habe ich gesagt.

Und durch das Kleid bohrte ich ihr schonungslos die Gabelzinken in den Schenkel. Sie stieß einen Schrei aus und, bei der unbeabsichtigten Bewegung, die sie machte, um mir zu entkommen, zwei Gläser Rotwein um. Sie rückte ihren Stuhl zurück und musste ihr Kleid hochziehen, um die Wunde zu betrachten. Die Unterwäsche war reizend, und ihre nackten Schenkel gefielen mir; einer der spitzeren Zinken war durch die Haut gedrungen, sie blutete, aber die Wunde war unbedeutend. Ich stürzte mich darauf: Ihr blieb keine Zeit, mich daran zu hindern, meine Lippen auf den Schenkel zu pressen und das bisschen Blut, das ich hatte fließen lassen, aufzusaugen. Die anderen sahen zu, ein wenig verblüfft, mit verlegenem Lächeln. Aber sie sahen, dass Xenia, so bleich sie auch war, kaum weinte. Sie war betrunkener, als sie geglaubt hatte: Sie weinte weiter, doch in meinem Arm. Dann füllte ich ihr umgeworfenes Glas mit Rotwein und gab ihr zu trinken.

Einer von uns bezahlte; darauf wurde die Summe geteilt, doch ich bestand darauf, für Xenia zu zahlen (als ob ich von ihr hätte Besitz ergreifen wollen); es war davon die Rede, ins ›Fred Payne‹ zu gehen. Alles zwängte sich in zwei Wagen. Die Hitze in dem kleinen Saal war erdrückend; ich tanzte einmal mit Xenia, dann mit Frauen, die ich nie gesehen hatte. Ich ging vor die Tür, um Luft zu schnappen, und zog bald den einen, bald den anderen – einmal sogar Xenia – an die Theken in der Nachbarschaft, um Whisky zu trinken. Von Zeit zu Zeit kehrte ich in den Saal zurück; schließlich setzte ich mich, mit dem Rücken an die Wand gelehnt, vor die Tür. Ich war betrunken. Ich musterte die Vorübergehenden. Aus mir unbegreiflichen Gründen hatte sich einer meiner Freunde seinen Gürtel abgeschnallt und hielt ihn in der Hand. Ich bat ihn mir aus. Ich nahm ihn doppelt und machte mir ein Vergnügen daraus, ihn vor den Frauen zu schwingen, als wollte ich sie schlagen. Es war dunkel, ich sah nichts mehr, und ich begriff nichts mehr; waren die vorübergehenden Frauen in Männerbegleitung, taten sie, als merkten sie nichts. Da erschienen zwei Frauen, und eine von ihnen baute sich angesichts des drohend erhobenen Gürtels vor mir auf, beschimpfte mich und spuckte mir ihre Verachtung ins Gesicht: Sie war wirklich hübsch, blond, ihr Gesicht hatte etwas Fesches, Spritziges. Voller Abscheu wandte sie mir den Rücken zu und ging ins ›Fred Payne‹ hinein. Ich folgte ihr durch das Gedränge der um die Bar herumstehenden Trinker.

»Warum nehmen Sie mir das übel?«, fragte ich sie, indem ich ihr den Gürtel zeigte, »war doch nur zum Spaß. Trinken Sie etwas mit mir!« Jetzt lachte sie und sah mich an.

»Gut«, sagte sie.

Als wollte sie hinter mir betrunkenem Kerl, der ihr stumpfsinnig einen Gürtel vorhielt, nicht zurückstehen, fügte sie hinzu:

»Da!«

Sie hielt eine nackte Frau aus weichem Wachs in der Hand; der Unterkörper der Puppe war in Papier eingewickelt; vorsichtig verlieh sie dem Oberkörper eine ausgesprochen subtile Haltung: Schamloser ging es nicht. Sie war vermutlich eine Deutsche, sehr weiß und mit schroffem und provozierendem Benehmen: Ich tanzte mit ihr und sagte ihr alle möglichen Albernheiten. Ohne ersichtlichen Grund hielt sie mitten im Tanz inne, setzte eine ernste Miene auf und blickte mir fest in die Augen. Sie barst vor Unverschämtheit.

»Sehen Sie her!«, sagte sie.

Und sie zog ihr Kleid bis über den Strumpf hoch: Das Bein, die blümchenbesetzten Strumpfhalter, die Strümpfe, die ganze Unterwäsche, alles war luxuriös; sie zeigte mit dem Finger auf das nackte Fleisch. Dann tanzte sie weiter mit mir, und ich bemerkte, dass sie die erbärmliche Wachspuppe in der Hand behalten hatte: Solcher Schund wird vor allen Variétes angeboten, der Verkäufer leiert eine Litanei, etwa: ›Höchst aufregend beim Berühren‹ ... Das Wachs war weich und zart: Es war so geschmeidig und frisch wie Fleisch. Nachdem sie mich stehengelassen hatte, schwenkte sie die Puppe noch einmal, und während sie allein einen Rumba vor dem Negerpianisten tanzte, versetzte sie diese in provozierende Schwingungen, die ihrem Tanz ähnelten. Aus vollem Halse lachend begleitete sie der Neger auf dem Klavier; sie tanzte gut, rings um sie her begannen die Leute zu klatschen. Dann zog sie die Puppe aus der Papierhülle und warf sie laut lachend auf das Klavier: Das Ding fiel mit dem dumpfen Geräusch eines aufprallenden Körpers auf das Holz des Klaviers; wirklich, die Beine spreizten sich, ihre Füße aber waren abgehackt. Die kleinen rosigen verstümmelten Waden, die offenen Beine waren zugleich beunruhigend und verführerisch. Auf einem Tisch fand ich ein Messer und schnitt ein Stück aus der rosigen Wade heraus. Meine Zufallsgefährtin nahm mir das Stück weg und steckte es mir in den Mund: Es hatte einen scheußlich bitteren Kerzengeschmack. Angeekelt spuckte ich es aus. Ich war nicht richtig betrunken; ich ahnte, was geschehen würde, wenn ich dieser Frau in ein Hotelzimmer folgen würde (ich hatte nur noch wenig Geld, ich wäre nur mit leeren Taschen davongekommen und hätte mich überdies noch beschimpfen und mit Verachtung überschütten lassen müssen).

Die Frau sah, wie ich mit Xenia und den anderen sprach; zweifellos dachte sie, ich müsse bei denen bleiben und könne nicht mit ihr schlafen: Jählings sagte sie mir Auf Wiedersehen und verschwand. Bald darauf verließen meine Freunde das ›Fred Payne‹ und ich schloss mich ihnen an: Wir gingen zu ›Graff‹ zum Essen. Ich hockte wortlos auf meinem Stuhl, ohne an irgendetwas zu denken, ich wurde langsam krank. Unter dem Vorwand, ich wolle mir die Hände waschen und mich kämmen, ging ich auf die Toilette. Was ich da tat, weiß ich nicht: Ich war halb eingeschlafen, als ich es ein wenig später ›Troppmann‹ rufen hörte. Ich saß mit heruntergelassener Hose auf dem Klo. Ich zog meine Hose wieder hoch, ging hinaus und der Freund, der mich gerufen hatte, sagte, ich sei seit einer Dreiviertelstunde verschwunden. Ich setzte mich zu den anderen an den Tisch, aber bald darauf rieten sie mir, besser noch einmal die Toilette aufzusuchen: Ich war sehr blass. Ich ging wieder dorthin und verbrachte einige Zeit damit, mich zu erbrechen. Dann sagten alle, es sei nun Zeit, heimzugehen (es war bereits vier Uhr). In einem kleinen Sportwagen brachte man mich nach Hause.

Am nächsten Tag (es war Sonntag) war ich noch immer krank, und der Tag verging in abscheulicher Lethargie, als sei alles zum Weiterleben zu Gebrauchende aufgebraucht: Gegen drei Uhr zog ich mich an, in der Absicht, einige Besuche zu machen, ich bemühte mich vergeblich, wie ein normaler Mensch auszusehen. Ich ging zeitig nach Hause und legte mich schlafen: Ich hatte Fieber und die Nasenhöhlen taten mir weh, wie es nach ausgiebigem Erbrechen häufig vorkommt; überdies waren meine Kleider im Regen nass geworden und ich hatte mich erkältet.

3

Ich versank in einen unruhigen Schlaf. Angstvisionen und qualvolle Träume jagten einander die ganze Nacht hindurch und brachten mich an den Rand der Erschöpfung. Kranker als je zuvor wachte ich auf. Ich erinnerte mich an das Geträumte: Ich befand mich am Eingang eines Saales vor einem mit Säulen versehenen Himmelbett, einer Art Leichenwagen ohne Räder: Um dieses Bett oder diesen Leichenwagen herum standen etliche Männer und Frauen, offenbar dieselben, mit denen ich die letzte Nacht verbracht hatte. Der große Saal war wohl eine Bühne, die Männer und Frauen waren Schauspieler, vielleicht die Regisseure eines so ungewöhnlichen Schauspiels, dass die Erwartung mir Angst einflößte ... Ich selbst stand abseits und damit geschützt in einer Art kahlem und verfallenem Gang, der so zu dem Saal mit dem Bett lag wie Zuschauersitze zur Bühne. Die bevorstehende Attraktion musste wohl verwirrend und voller maßlosem Humor sein: Wir erwarteten das Erscheinen eines echten Leichnams. In diesem Augenblick bemerkte ich einen Sarg inmitten des Himmelbetts: Der Sargdeckel verschwand geräuschlos, gleitend wie ein Bühnenvorhang oder ein Tischkasten, aber was dann in Erscheinung trat, war nicht abstoßend. Der Leichnam war ein Etwas von unbestimmter Form, ein rosiges Wachs von strahlender Frische; dieses Wachs erinnerte an die Puppe mit den abgehackten Füßen, die Puppe des blonden Mädchens, nichts konnte verführerischer sein; das entsprach dem sarkastischen, schweigend-verzückten Geisteszustand der Anwesenden; da wurde ein grausamer und vergnüglicher Streich gespielt, dessen Opfer unbekannt blieb. Bald darauf nahm das rosige, zugleich beunruhigende und verführerische Etwas beachtliche Ausmaße an; es erweckte den Eindruck einer riesigen, aus weißem, rosigem und gelblich geädertem Marmor gemeißelten Leiche. Den Kopf der Leiche bildete der riesige Schädel einer Stute, den Körper eine Fischgräte oder ein enormer, teils zahnloser, geradegebogener Unterkiefer; die Beine setzten das Rückgrat in derselben Richtung fort wie bei einem Menschen; die Füße fehlten, es waren lange und knotige Stümpfe von Pferdebeinen. Das Ganze, erheiternd und hässlich, hatte etwas von einer griechischen Marmorstatue; den Schädel bedeckte ein Helm, aufgesteckt wie ein Strohhut auf einem Pferdekopf.

Ich selbst wusste nicht mehr, ob ich Angst haben oder lachen sollte, aber es wurde schnell klar, dass sich diese Statue, diese Art Leichnam, sobald ich lachen würde, nur als übler Scherz erwiese. Wenn ich jedoch zitterte, würde sie sich auf mich stürzen und mich in Stücke reißen. Ich begriff nichts mehr: Der hingestreckte Leichnam wurde zu einer Minerva in voller Montur, angriffslustig stand sie da, mit Helm und Harnisch: Diese Minerva war zwar wohl aus Marmor, aber sie gestikulierte wie eine Wahnsinnige. Einen Anflug von Gewalt verlieh sie dem Scherz, von dem ich entzückt war, der mich indessen vollkommen aus der Fassung brachte. Im Hintergrund des Saals herrschte ungemeine Munterkeit, doch lachte niemand. Mit einem Krummsäbel aus Marmor führte die Minerva ein Scheingefecht auf: Alles an ihr war leichenähnlich: Die arabische Form ihrer Waffe wies auf den Ort hin, an dem sich die Dinge abspielten: ein Friedhof mit Grabmälern aus weißem Marmor, aus fahlem Marmor. Sie war riesengroß. Unmöglich zu wissen, ob ich sie ernst zu nehmen hatte: Sie wurde sogar immer zweideutiger. Zu diesem Zeitpunkt lag der Gedanke fern, dass sie aus dem Saal, in dem sie gestikulierte, in die Gasse heruntersteigen könnte, in der ich furchtsam hockte. Ich war nun klein geworden, und als sie mich erspähte, sah sie, dass ich Angst hatte. Und meine Angst zog sie an: Ihre Bewegungen waren lächerlich wahnsinnig. Plötzlich stieg sie herab und stürzte sich auf mich, wobei sie ihre makabre Waffe immer rasender schwang. Es war kurz davor, zu Ende geführt zu werden: Ich war vor Entsetzen gelähmt.

Rasch begriff ich, dass in diesem Traum Dirty, die verrückt geworden und zur gleichen Zeit gestorben war, Gewand und Aussehen der Statue des Komturs angenommen hatte und sich, nunmehr unkenntlich, auf mich stürzte, um mich zu vernichten.

4

Bevor ich vollends krank wurde, war mein Leben von vorne bis hinten eine krankhafte Halluzination. Ich war zwar wach, aber alles glitt zu rasch vor meinen Augen vorüber wie in einem bösen Traum. Nach dem Abend bei ›Fred Payne‹ ging ich am Nachmittag aus, in der Hoffnung, irgendeinem Freund zu begegnen, der mir helfen könnte, in ein normales Leben zurückzufinden. Es kam mir der Gedanke, Lazare zu Hause zu besuchen. Ich fühlte mich sehr elend. Aber diese Begegnung entsprach nicht dem, was ich gesucht hatte, sondern glich einem Albtraum, der noch deprimierender war als jener Traum, den ich in der darauffolgenden Nacht träumen sollte.

Es war ein Sonntagnachmittag. Es war heiß und kein Lüftchen regte sich. Ich traf Lazare in ihrer Wohnung in der Rue de Turenne an, sie hatte Besuch von jemandem, bei dessen Anblick mir der seltsame Gedanke durch den Kopf schoss, ein Unheil wäre abzuwenden ... Es war ein großer Mann, der auf das Unangenehmste an das volkstümliche Bild Landrus erinnerte. Er hatte große Füße, trug eine hellgraue, für seinen ausgemergelten Körper viel zu weite Jacke. Der Stoff war stellenweise abgetragen und versengt; die alte abgewetzte Hose, die dunkler war als die Jacke, reichte zieharmonikagleich bis über die Schuhe. Er war von ausgesuchter Höflichkeit. Wie Landru hatte er einen schönen schmutzig-braunen Bart, sein Schädel war kahl. Er drückte sich fließend und gewählt aus.

Als ich das Zimmer betrat, hob sich seine Silhouette gegen den bewölkten Himmel ab: Er stand vor dem Fenster. Er war von gewaltiger Statur, riesengroß. Lazare stellte mich ihm vor und sagte mir, er sei ihr Stiefvater (er war nicht jüdischer Herkunft wie Lazare; er musste die Mutter in zweiter Ehe geheiratet haben). Er hieß Antoine Melou. Er war Philosophielehrer an einem Provinzgymnasium.

Als sich die Tür hinter mir geschlossen hatte und ich mich, gleichsam als sei ich in eine Falle geraten, diesen beiden Personen gegenübersah, verspürte ich eine ärgere Müdigkeit und Übelkeit als je zuvor: Sofort wurde mir klar, dass ich langsam, aber sicher die Haltung verlieren würde. Lazare hatte mir mehrfach von ihrem Stiefvater erzählt und mir gesagt, er wäre unter einem rein intellektuellen Gesichtspunkt betrachtet der klügste und scharfsinnigste

Mensch, dem sie je begegnet sei. Seine Gegenwart machte mich schrecklich verlegen. Ich nun war krank und halb wahnsinnig, ich hätte mich nicht gewundert, wenn er, statt zu reden, den Mund sperrangelweit aufgerissen hätte: Ich stellte mir vor, wie er, ohne ein Wort zu sagen, den Speichel in seinen Bart rinnen lassen würde ...

Lazare war wegen meines unvorhergesehenen Erscheinens gereizt, ihr Stiefvater jedoch keineswegs: Kaum waren wir einander vorgestellt (wobei er reglos und ausdruckslos verharrte), zettelte er, sobald er in einem halbzerbrochenen Sessel Platz genommen hatte, ein Gespräch an:

»Es wäre mir viel daran gelegen, Monsieur, Sie in eine Diskussion einzubeziehen, die mich, offen gestanden, in einen Abgrund von Ratlosigkeit stürzt ...«

Mit der eintönigen Stimme einer Geistesabwesenden versuchte Lazare, ihn zu unterbrechen:

»Meinst du nicht, Vater, dass eine solche Diskussion ausweglos ist und dass ... es überflüssig ist, Monsieur Troppmann zu ermüden? Er sieht erschöpft aus.«

Ich hielt den Kopf gesenkt, den Blick starr auf den Boden gerichtet. Ich sagte:

»Das macht nichts. Erklären Sie nur, um was es geht, wir brauchen ja nicht ...« Ich sprach fast lautlos, ohne Überzeugung.

»Nun«, nahm Monsieur Melou den Faden wieder

auf, »meine Stieftochter hat mir soeben auseinandergelegt, zu welchem Ergebnis die schwierigen Überlegungen geführt haben, die sie seit einigen Monaten buchstäblich aufgezehrt haben. Das Problem scheint mir übrigens nicht in den sehr geschickten und meiner bescheidenen Ansicht nach überzeugenden Argumenten zu liegen, die sie erbringt, um die Sackgasse zu erklären, in die die Geschichte durch die Ereignisse geraten ist, die sich vor unseren Augen abspielen ...«

Die leise flötende Stimme wurde mit äußerster Eleganz moduliert. Ich hörte nicht einmal mehr zu: Ich wusste schon, was er sagen würde. Ich war bedrückt vom Anblick seines Bartes, von dem schmutzigen Aussehen seiner Haut und seinen bläulichen Lippen, die so schön artikulierten, während seine großen Hände sich hoben, um den Sätzen Nachdruck zu verleihen. Ich begriff, dass er mit Lazare darin einig geworden war, den Zusammenbruch der sozialistischen Hoffnungen zuzugeben. Ich dachte: Da sitzen sie nun, die beiden Käuze mit ihren zerbrochenen sozialistischen Hoffnungen ... ich bin ganz krank ...

Monsieur Melou fuhr fort und wies mit seiner professoralen Stimme auf das ›beängstigende Dilemma‹ hin, das sich den Intellektuellen in dieser beklagenswerten Zeit stelle (seiner Ansicht nach war es für jeden Vertreter der Intelligenz ein Unglück, gerade heute leben zu müssen). Unter angestrengtem Stirnrunzeln legte er seine Ansichten dar:

»Dürfen wir uns in Schweigen hüllen? Müssen wir nicht im Gegenteil mit allen unseren Kräften den letzten Widerstand der Arbeiter unterstützen und uns somit einem unerbittlichen und unfruchtbaren Tod aussetzen?«

Für einige Augenblicke schwieg er und starrte auf seine erhobenen Fingerspitzen.

»Louise«, schloss er, »neigt zur heroischen Lösung. Ich weiß nicht, Monsieur, was Sie persönlich über die Möglichkeiten denken, die der Arbeiterbewegung noch bleiben. Gestatten Sie mir also, dieses Problem anzuschneiden ... ganz flüchtig (er sah mich bei diesen Worten mit einem feinen Lächeln an; er machte eine lange Pause, er erweckte den Eindruck eines Schneiders, der einen Schritt zurücktritt, um die Wirkung besser beurteilen zu können) ... ins Blaue hinein, ja, so muss man es ausdrücken (er rieb sich leicht die Hände), ins Blaue hinein ... Als ob wir vor den Gegebenheiten eines willkürlichen Problems stünden. Wir haben immer noch das Recht, uns unabhängig von jeder realen Gegebenheit ein Rechteck abcd vorzustellen ... Behaupten wir also im vorliegenden Fall, wenn Sie so wollen: Entweder ist die Arbeiterklasse unwiderruflich dem Tod geweiht ...«

Ich hörte das: die Arbeiterklasse dem Tod geweiht. Ich war viel zu apathisch. Ich dachte nicht einmal daran, einfach aufzustehen, fortzugehen und die Tür hinter mir zuzuschlagen. Ich blickte Lazare an, und ich war abgestumpft. Lazare saß mit resignierter und doch aufmerksamer Miene auf einem Sessel, den Kopf vorgestreckt, das Kinn in die Hand, den Ellenbogen auf das Knie gestützt. Sie war kaum weniger ungepflegt, dafür aber um einiges schauriger als ihr Stiefvater. Reglos fiel sie ihm ins Wort:

»Sie meinen sicher, ›ist unwiderruflich zur politischen Niederlage verdammt‹ ...«

Die Riesenmarionette lachte schallend. Er gluckste. Gutwillig räumte er ein:

»Natürlich! Ich setze nicht voraus, dass sie alle physisch in den Tod gehen ...«

Ich konnte mich nicht enthalten zu sagen:

»Was geht das mich an?«

»Ich habe mich wohl schlecht ausgedrückt, Monsieur ...«

Darauf Lazare in blasiertem Ton:

»Sie müssen schon entschuldigen, dass er Sie nicht mit ›Genosse‹ anredet, aber mein Stiefvater ist an die philosophischen Diskussionen ... mit Kollegen gewöhnt ...«

Monsieur Melou war durch nichts zu erschüttern. Er redete weiter.

Ich musste dringend pissen (ich drückte schon die Knie zusammen):

»Wir stehen zugegebenermaßen vor einem winzigen, blutarmen Problem, das auf den ersten Blick völlig substanzlos erscheint (er machte ein verzweifeltes Gesicht, eine Schwierigkeit, die nur er zu sehen vermochte, quälte ihn, er deutete mit den Händen eine Geste an), dessen Folgen jedoch einem so scharfen und besorgten Geist wie dem Ihren nicht entgehen können ...«

Ich wandte mich an Lazare und sagte zu ihr:

»Sie werden entschuldigen, aber ich muss Sie bitten, mir die Toilette zu zeigen ...«

Da sie nicht begriff, zögerte sie einen Augenblick, dann erhob sie sich jedoch und zeigte mir die Tür. Ich pisste lange, schließlich glaubte ich, mich übergeben zu können, aber ich verausgabte mich in vergeblichen Anstrengungen, ich steckte zwei Finger in den Hals und würgte entsetzlich laut. Das erleichterte mich immerhin ein wenig. Ich ging wieder in das Zimmer, in dem die beiden saßen. Ich blieb stehen, und da mir unbehaglich war, sagte ich unvermittelt:

»Ich habe über Ihr Problem nachgedacht, aber zuvor werde ich Ihnen eine Frage stellen.«

Beider Mienenspiel ließ mich erkennen, dass ›meine zwei Freunde‹ – so verdutzt sie auch waren – mir aufmerksam zuhören würden:

»Ich glaube, ich habe Fieber« (ich hielt Lazare tatsächlich meine glühende Hand hin). »Ja«, sagte Lazare müde, »Sie sollten nach Hause gehen und sich ins Bett legen.«

»Dennoch möchte ich eine Sache gern noch wissen: Wenn es mit der Arbeiterklasse vorbei ist, warum sind Sie dann Kommunisten ... oder Sozialisten ... ganz wie Sie wollen?«

Sie starrten mich an. Dann sahen sie einander an.

Schließlich antwortete Lazare kaum hörbar:

»Was immer auch kommen mag, wir müssen auf der Seite der Unterdrückten sein.«

Ich dachte: Sie ist Christin. Na klar! ... und ich, ich komme hierher ... Ich war außer mir, ich verging vor Scham.

»In wessen Namen ›muss man‹? Und um was zu tun?«

»Man kann immer etwas für die Erlösung seiner Seele tun«, meinte Lazare.

Sie ließ den Satz achtlos fallen, ohne sich zu regen, ohne auch nur aufzuschauen. Ich spürte ihre unerschütterliche Überzeugung.

Ich fühlte, wie ich blass wurde; mir war wieder sterbenselend ... Dennoch beharrte ich:

»Aber Sie, Monsieur Melou?«

»Oh ...«, murmelte er, in die Betrachtung seiner mageren Finger verloren, »ich verstehe Ihre Ratlosigkeit nur allzu gut. Ich bin selber ratlos, wahn-sin-nig ratlos. Umso mehr als ... Sie soeben mit wenigen Worten einen unvorhergesehenen Aspekt des Problems ans Licht brachten ... Oh, oh!« (er lachte in seinen langen Bart), »das ist wahn-sin-nig interessant. In der Tat, mein liebes Kind, warum sind wir noch Sozialisten ... oder Kommunisten? ... Ja, warum? ...« Er schien in eine unvorhergesehene Grübelei zu versinken. Ganz allmählich ließ er von der Höhe seines riesigen Oberkörpers einen kleinen Kopf mit langem Bart herabsinken. Ich sah seine spitzen Knie. Nach einem peinlichen Schweigen breitete er seine unendlich langen Arme aus und hob sie traurig in die Höhe:

»Das ist der Lauf der Welt, wir gleichen einem Bauern, der seinen Acker für das Gewitter bestellt. Mit gesenktem Kopf geht er über seine Felder. Er weiß, der Hagel wird unweigerlich kommen. ....
....
....
....
.... Dann ... wenn es so weit ist ... steht er vor seiner Ernte und hebt, wie ich es jetzt mache,« (unvermittelt wurde die absurde, die lachhafte Figur erhaben, mit einem Mal hatte seine zarte, seine sanfte Stimme etwas Eisiges angenommen) »für nichts und wieder nichts seine Arme gen Himmel ... in der Erwartung, dass der Blitz ihn trifft ... ihn und seine Arme ...«

Bei diesen Worten ließ er selbst seine Arme herabfallen. Er war das vollkommene Abbild entsetzlicher Verzweiflung.

Ich verstand ihn. Wenn ich jetzt nicht wegginge, würde ich wieder zu weinen anfangen: Von ihm angesteckt entfuhr auch mir eine Geste der Mutlosigkeit, ich brach auf und sagte ganz leise:

»Auf Wiedersehen, Lazare.«

Dann mischte sich eine unmögliche Sympathie in meine Stimme:

»Auf Wiedersehen, Monsieur Melou.«

Es regnete in Strömen, ich hatte weder Hut noch Mantel bei mir. Ich bildete mir ein, der Weg sei nicht weit. Außerstande anzuhalten, war ich fast eine Stunde unterwegs, völlig durchgefroren vom Regen, der Kleider und Haare durchnässt hatte.

5

Am nächsten Tag war diese Ausflucht in eine aberwitzige Wirklichkeit aus meinem Gedächtnis verschwunden. Ich erwachte völlig erschüttert. Ich war erschüttert von der Angst, die ich im Traum empfunden hatte, ich war verstört und glühte vor Fieber … Das Frühstück, das meine Schwiegermutter neben mein Bett gestellt hatte, rührte ich nicht an. Mein Brechreiz war immer noch da. Seit vorgestern Abend hatte er im Grunde nie nachgelassen. Ich ließ mir eine Flasche billigen Champagner holen. Er war eiskalt, ich trank ein Glas davon: Nach ein paar Minuten stand ich auf, um mich zu übergeben. Danach legte ich mich wieder hin, ich fühlte mich ein wenig erleichtert, aber bald machte sich die Übelkeit wieder bemerkbar. Zittern und Zähneklappern überkamen mich: Ich war offensichtlich krank, ich litt ganz erbärmlich. Ich fiel in einen furchtbar unruhigen

Schlaf: Alles fing an, sich selbständig zu machen, düstere, hässliche, unförmige Dinge, die unbedingt hätten festgehalten werden müssen; aber das war unmöglich. Meine Existenz zersetzte sich, als hätte sie die Fäulnis überkommen ... Der Arzt kam, er untersuchte mich von Kopf bis Fuß. Schließlich erklärte er, er wolle mit einem anderen wiederkommen; aus der Art, wie er das sagte, schloss ich, dass ich vielleicht würde sterben müssen (ich litt unsäglich, ich fühlte in mir etwas Beengendes und empfand ein heftiges Verlangen nach Aufschub: Ich hatte nicht mehr die Todessehnsucht der vorangegangenen Tage). Ich hatte eine Grippe, die sich durch ernste Symptome an der Lunge komplizierte: Leichtfertig hatte ich mich am Vorabend Regen und Kälte ausgesetzt. Drei Tage verbrachte ich in einem schrecklichen Zustand. Außer meiner Schwiegermutter, dem Dienstmädchen und den Ärzten bekam ich niemanden zu sehen. Am vierten Tag ging es mir noch schlechter. Das Fieber war nicht gesunken. Xenia, die nicht wusste, dass ich krank war, rief an: Ich sagte ihr, dass ich das Zimmer nicht verlassen dürfe, dass sie mich aber besuchen könne. Eine Viertelstunde später erschien sie. Sie war schlichter, als ich sie in Erinnerung hatte, sie war sogar sehr schlicht. Nach den beiden Gespenstern in der Rue de Turenne erschien sie mir geradezu menschlich. Ich ließ eine Flasche Weißwein bringen und erklärte ihr mühsam, es würde mir Freude machen, sie Wein trinken zu sehen – aus Neigung zu ihr und zum Wein –, ich selbst könne nur Gemüsebrühe oder Orangensaft zu mir nehmen. Sie zierte sich nicht, den Wein zu trinken. Ich sagte ihr, dass ich an dem besagten Abend nur getrunken hätte, weil ich mich sehr unglücklich fühlte.

Sie habe das sehr wohl bemerkt, sagte sie.

»Sie tranken, als hätten Sie sterben wollen. Möglichst schnell. Am liebsten hätte ich ... aber ich halte ungern jemanden vom Trinken ab, und schließlich hatte ich ja selbst auch getrunken.« Ihr Geschwätz ermüdete mich. Doch es zwang mich ein wenig aus der Lethargie heraus. Ich staunte, dass die Arme so gut begriffen hatte, aber mir konnte sie nicht helfen. Selbst wenn ich mich, irgendwann, von der Krankheit befreien sollte. Ich ergriff ihre Hand, ich zog sie an mich und ließ sie sanft über meine Backe gleiten, damit mein rauer Viertagebart sie pike.

Lachend sagte ich zu ihr:

»Unmöglich, einen so schlecht rasierten Mann zu küssen.«

Sie zog meine Hand an sich und küsste sie innig. Sie überraschte mich. Ich wusste nicht, was ich sagen sollte. Lachend versuchte ich, mich ihr verständlich zu machen – ich sprach sehr leise, wie Schwerkranke: Ich hatte Halsschmerzen:

»Warum küsst du mir die Hand? Du weißt doch. Im Grunde bin ich abscheulich.«

Ich hätte weinen können bei dem Gedanken, dass sie mir nicht helfen konnte. Ich konnte nichts daran ändern.

Sie antwortete mir schlicht:

»Ich weiß. Jedermann weiß, dass Sie ein anomales sexuelles Leben führen. Ich dachte mir nur, dass Sie vor allem sehr unglücklich seien. Ich bin sehr dumm und albern. Ich habe nur Flausen im Kopf, aber seit ich Sie kenne und von Ihren Gewohnheiten gehört habe, denke ich mir, dass wenn Menschen so abscheuliche Gewohnheiten haben ... wie Sie ... dann wahrscheinlich, weil sie leiden.«

Ich schaute sie lange an. Sie schaute mich gleichfalls an, ohne etwas zu sagen. Sie sah, dass mir Tränen in den Augen standen. Sie war nicht gerade schön, aber rührend und schlicht: Niemals hätte ich geglaubt, dass sie tatsächlich so durch und durch schlicht sei. Ich sagte ihr, dass ich sie gerne mochte, dass für mich alles unwirklich würde: Ich sei vielleicht nicht abscheulich – alles in allem –, aber verloren. Es wäre vielleicht besser, wenn ich jetzt stürbe, wie ich es auch hoffte. Ich sei durch das Fieber und durch ein tiefes Grauen derart ausgelaugt, dass ich ihr weiter keine Erklärung geben könne; im Übrigen sei mir selbst alles unbegreiflich ...

Da sagte sie zu mir, mit einer beinahe verrückten Schroffheit:

»Ich will nicht, dass Sie sterben. Ich werde Sie pflegen. Ich würde Ihnen so gerne helfen zu leben ...«

Ich versuchte, sie zur Vernunft zu bringen:

»Nein. Du kannst mir nicht helfen, niemand kann mir mehr helfen ...«

Ich sagte ihr das mit einer solchen Aufrichtigkeit, mit einer so offensichtlichen Verzweiflung, dass wir beide verstummten. Sie wagte nun nichts mehr zu sagen. In diesem Augenblick wurde mir ihre Gegenwart lästig.

Nach diesem langen Schweigen bewegte mich insgeheim ein Gedanke, ein blöder, hässlicher Gedanke, als ob es plötzlich um Leben und Tod oder hier sogar um mehr als das ginge. Da sagte ich, vom Fieber geschüttelt, im Tonfall aberwitziger Verärgerung zu ihr:

»Hör zu, Xenia« – ich fing an zu schwadronieren und geriet ohne jeden Anlass aus der Fassung – »du hast dich auf eine literarische Agitation eingelassen, du hast sicher Sade gelesen, du hast Sade sicher großartig gefunden – wie die anderen. Wer Sade bewundert, ist ein Angeber – verstehst du? – ein Angeber ...«

Sie sah mich schweigend an, sie wagte nichts zu sagen. Ich fuhr fort:

»Ich rege mich auf, ich bin wütend, am Ende meiner Kräfte, ich weiß nicht mehr, was ich sage ... Aber warum haben sie das mit Sade gemacht?«

Ich brüllte fast:

»Haben sie denn Scheiße gefressen, ja oder nein?«

Ich krakeelte plötzlich so fürchterlich, dass ich mich aufrichten konnte, und mit meiner heiseren Stimme krächzte ich hustend:

»Die Menschen sind alle Knechte ... Wenn auch manchmal einer von ihnen wie ein Herr aussieht, so gibt es doch viele, die darüber vor Eitelkeit platzen ... aber ... die, die sich vor nichts beugen, stecken im Gefängnis oder liegen unter der Erde ... und Gefängnis oder Tod für die einen ... das bedeutet Knechtschaft für alle anderen ...«

Xenia legte die Hand sanft auf meine Stirn:

»Henri, ich flehe dich an« – sich über mich beugend wurde sie nun zu einer Art duldsamer Fee, und die unerwartete Leidenschaft ihrer fast lautlosen Stimme beunruhigte mich – »hör auf zu sprechen ... du hast zu hohes Fieber, um weiterzureden ...«

Merkwürdigerweise folgte meiner krankhaften Überreizung eine Entspannung: Der seltsame und eindringliche Ton ihrer Stimme hatte mich – halbwegs glücklich – ganz benommen gemacht. Ich blickte Xenia lange an, lächelte und schwieg: Ich nahm ihr marineblaues Seidenkleid mit weißem Kragen wahr, ihre hellen Strümpfe und weißen Schuhe; ihren schlanken und sehr hübschen Körper unter dem Seidenkleid; ihr junges und zartes Gesicht unter dem schwarzen, gutfrisierten Haar. Ich bedauerte sehr, so krank zu sein.

Ohne alle Heuchelei sagte ich zu ihr:

»Du gefällst mir heute sehr. Ich finde dich schön, Xenia. Als du mich Henri nanntest und mich duztest, schien mir das richtig.«

Sie schien glücklich zu sein, ja verrückt vor Freude, und doch über jedes Maß besorgt. In ihrer Verwirrtheit ließ sie sich neben meinem Bett auf die Knie nieder und küsste mich auf die Stirn. Ich ließ meine Hand unter ihren Rock gleiten und steckte sie ihr zwischen die Beine … Ich fühlte mich noch immer matt, aber ich litt nicht mehr. Es klopfte an die Tür, und ohne eine Antwort abzuwarten, kam die alte Dienerin herein: Xenia erhob sich, so rasch sie konnte. Sie tat, als betrachte sie ein Bild, sie hatte den Ausdruck einer Verrückten, ja einer Geisteskranken. Auch die Alte schien blöde: Sie brachte das Thermometer und eine Tasse Bouillon. Ich war durch die Stumpfsinnigkeit der Alten so niedergeschlagen, dass ich wieder der Lethargie anheimfiel. Eben noch hatten meine Hände Xenias feste Schenkel berührt, nun aber geriet alles ins Wanken. Sogar mein Gedächtnis wankte: Die Wirklichkeit war zerfallen. Nur das Fieber blieb, das Fieber in mir zehrte das Leben auf. Ich führte mir das Thermometer selber ein, ohne den Mut zu haben, Xenia zu bitten, sich abzuwenden. Die Alte war gegangen. Gedankenlos hatte Xenia zugesehen, wie ich unter der Bettdecke wühlte, bis ich das Thermometer eingeführt hatte. Ich glaube, die Unglückliche war dem Lachen nahe, während sie mir zuguckte, aber die Lachlust peinigte sie dann doch. Sie sah verängstigt aus: Sie blieb vor mir stehen, aufgelöst, mit zersausten Haaren und hochroten Wangen; die sexuelle Erregung stand ihr ins Gesicht geschrieben.

Das Fieber war seit dem Vorabend gestiegen. Mir war es gleichgültig. Ich lächelte, aber offensichtlich war mein Lächeln bösartig. Es war so quälend, es zu sehen, dass die andere neben mir nicht mehr wusste, was für ein Gesicht sie aufsetzen sollte. Nun erschien auch noch meine Schwiegermutter und wollte sich erkundigen, wie es mit meinem Fieber stünde: Ohne darauf zu antworten, erzählte ich ihr, dass Xenia, die sie seit langem kennen würde, dabliebe, um mich zu pflegen. Sie könne ja, wenn sie wolle, in Ediths Zimmer schlafen. Ich sagte das voller Widerwillen, dann lächelte ich die beiden Frauen wieder boshaft an.

Meine Schwiegermutter hasste mich für all das Leid, das ich ihrer Tochter zugefügt hatte; außerdem kränkte es sie jedes Mal, wenn die Umgangsformen verletzt wurden. Sie fragte:

»Meinst du nicht, ich sollte Edith telegrafisch zurückrufen?« Ich antwortete krächzend und mit der Gleichgültigkeit eines Menschen, der die Lage umso mehr beherrscht, je kranker er ist:

»Nein. Ich bin nicht der Meinung. Xenia kann hier schlafen, wenn sie will.«

Xenia stand fast zitternd da. Sie kniff die Lippen zusammen, um nicht zu weinen. Meine Schwiegermutter benahm sich lächerlich. Sie machte ein entsprechendes Gesicht. Ihre Augen flackerten vor Erregung, was sich schlecht mit ihrem apathischen Gebaren vertrug. Schließlich stammelte Xenia, sie wolle ihre Sachen holen gehen: Wortlos, ohne auch nur einen Blick auf mich zu werfen, verließ sie das Zimmer, doch ich merkte, dass sie mit den Tränen kämpfte.

Lachend sagte ich zu meiner Schwiegermutter:

»Soll sie sich zum Teufel scheren, wenn sie will.«

Meine Schwiegermutter beeilte sich, Xenia zur Tür zu begleiten. Ich war mir nicht darüber klar, ob Xenia etwas mitbekommen hatte oder nicht.

Ich war der Abfall, den jeder mit Füßen tritt, und zu meiner eigenen Bosheit kam die Bosheit des Schicksals hinzu. Ich hatte mein Unheil heraufbeschworen und verreckte nun hier; ich war allein, ich war feige. Ich hatte verboten, Edith zu benachrichtigen. Jetzt, da ich genau begriff, dass ich sie nie mehr an mich drücken würde, fühlte ich ein schwarzes Loch in mir. Mit aller Zärtlichkeit rief ich nach meinen kleinen Kindern; aber sie würden wohl nicht kommen. Meine Schwiegermutter und die alte Dienerin waren bei mir: Beide waren in der Tat wie geschaffen, einen Leichnam zu waschen und ihm den Kiefer hochzubinden, damit der Mund nicht so lächerlich offensteht. Ich wurde immer gereizter; meine Schwiegermutter verabreichte mir eine Kampferspritze, aber die Nadel war stumpf, und der Einstich tat mir sehr weh: Das war nicht weiter schlimm, aber weiter war da auch nichts, das ich hätte abwarten können, außer diese infamen kleinen Schrecken. Es würde alles vorübergehen, selbst der Schmerz, und der Schmerz in mir war nun alles, was von einem bewegten Leben noch übrig blieb … Ich spürte irgendeine Leere, irgendetwas Schwarzes, Feindliches, Riesiges … aber mich selbst spürte ich nicht mehr … Die Ärzte kamen, ich verharrte in meiner Lethargie. Sie mochten abhören, abtasten, was sie wollten. Ich brauchte nur noch das Leiden, den Ekel, die Schmach zu ertragen, brauchte nur noch zu ertragen, was kommen würde und ich nicht abwarten konnte. Sie sagten kaum etwas; sie versuchten nicht einmal mehr, mir sinnlose Worte zu entlocken. Sie würden morgen früh wiederkommen; ich solle das Unumgängliche erledigen. Ich solle meiner Frau telegrafieren. Ich war nicht einmal mehr imstande, es abzulehnen.

6

Die Sonne schien ins Zimmer, sie fiel direkt auf meine leuchtend rote Bettdecke, das Fenster stand weit offen. An diesem Morgen sang eine Operettensängerin in ihrer Wohnung bei offenem Fenster, aus voller Kehle.

Trotz meiner Lethargie erkannte ich die Melodie aus Offenbachs ›Pariser Leben‹. Die musikalischen Phrasen perlten einher und zersprangen vor Glück in ihrer jungen Kehle:

Vous souvient-il ma belle
D'un homme qui s'appelle
Jean-Stanislas, baron de Frascata?

In meinem Zustand glaubte ich, eine ironische Antwort auf die Frage zu vernehmen, die in meinem Kopf der Katastrophe entgegeneilte. Die hübsche

Verrückte (früher hatte ich sie einmal gesehen, ich hatte sie sogar begehrt) setzte, offenbar beflügelt von heftigem Frohlocken, ihren Gesang fort:

En la saison dernière,
Quelqu'un, sur ma prière,
Dans un grand bal à vous me présenta!
Je vous aimai, moi, cela va sans dire!
M'aimâtes-vous? je n'en crus jamais rien.

Heute beim Schreiben treibt mir eine helle Freude das Blut in den Kopf, eine so verrückte Freude, dass auch ich am liebsten singen möchte.

An jenem Tag – Xenia, die aus Verzweiflung über meine Haltung beschlossen hatte, wenigstens die Nacht in meiner Nähe zu verbringen, würde gleich hereinkommen – schien die Sonne hell in mein Zimmer. Ich hörte, wie sie im Badezimmer das Wasser laufen ließ. Die junge Frau hatte meine letzten Worte vielleicht doch nicht gehört. Ich war ganz froh darüber. Xenia war mir lieber als meine Schwiegermutter – wenigstens konnte ich mich zeitweilig auf ihre Kosten zerstreuen ... Die Vorstellung, dass ich sie vielleicht um die Bettschüssel bitten müsste, ließ mich stocken: Zwar war es mir gleich, ob sie sich ekelte, aber ich schämte mich meiner Lage; genötigt zu sein, es im Bett mit Hilfe einer hübschen Frau zu machen, dazu der Gestank, das brachte mich schier um (in diesem Augenblick steigerte sich mein

Ekel vor dem Tod bis zur Angst; gleichwohl muss ich ihn herbeigewünscht haben). Am Vorabend noch war Xenia mit einem Koffer wiedergekommen, ich hatte das Gesicht verzerrt und auf die Zähne beißend vor mich hin geknurrt. Ich hatte so getan, als sei ich vollends am Ende und könne kein Wort mehr hervorbringen. Gereizt hatte ich ihr dann doch geantwortet und dabei noch hemmungsloser das Gesicht verzerrt. Sie hatte es nicht wahrgenommen. Gleich würde sie hereinkommen: Sie bildete sich ein, es bedürfe der Pflege einer Liebenden, um mich zu retten. Als sie anklopfte, war es mir gerade gelungen, mich im Bett aufzusetzen (es schien, als ginge es mir besser). Mit fast normaler, ja sogar etwas feierlicher Stimme wie ein Schauspieler rief ich:

»Herein!«

Als ich ihrer ansichtig wurde, fügte ich leiser und wie mit tragikomischer Enttäuschung hinzu:

»Nein, nein, es ist nicht der Tod ... es ist nur die arme Xenia ...«

Die reizende Frau betrachtete den vermeintlichen Liebhaber mit großen Augen. Ratlos fiel sie vor meinem Bett auf die Knie.

Leise klagend rief sie:

»Warum bist du so grausam? Ich würde dir so gern helfen, gesund zu werden.«

»Im Augenblick«, erwiderte ich mit geziemender Höflichkeit, »wäre es mir lieber, wenn du mir beim Rasieren helfen könntest.«

»Strengt dich das nicht zu sehr an? Kannst du nicht bleiben, wie du bist?«

»Nein. Ein unrasierter Toter ist kein schöner Anblick.«

»Warum willst du mir weh tun? Du wirst nicht sterben. Nein. Du darfst nicht sterben ...«

»Stell dir vor, was ich erdulde, bis ... Wenn jeder vorher wüsste ... Aber wenn ich tot bin, Xenia, kannst du mich nach Belieben küssen, dann leide ich nicht mehr, dann werde ich nicht mehr hässlich sein. Dann gehöre ich dir ganz und gar ...«

»Henri! Du tust mir so furchtbar weh, dass ich nicht mehr weiß, wer von uns beiden krank ist ... Du weißt, dass du nicht sterben wirst, da bin ich sicher, aber mir, mir hast du den Tod so in den Kopf gesetzt, als sollte er für immer dort hausen.«

Es verging eine kleine Weile. Ich war wie abwesend.

»Du hast recht. Ich bin zu erschöpft, um mich allein oder mit deiner Hilfe rasieren zu können. Wir sollten den Friseur anrufen. Du darfst nicht böse sein, Xenia, wenn ich sage, dass du mich dann küssen könntest ... Es ist, als spräche ich mit mir selbst. Weißt du eigentlich, dass ich einen lasterhaften Hang zu Leichen habe ...«

Immer noch kniete Xenia mit scheuem Blick einen Schritt neben meinem Bett und sah nun, wie ich lächelte.

Schließlich senkte sie den Kopf und fragte mich mit leiser Stimme:

»Was soll das heißen? Ich flehe dich an, du musst mir jetzt alles sagen, denn ich habe Angst, solche Angst ...«

Ich lachte. Ich erzählte ihr nun, was ich Lazare erzählt hatte. Aber an diesem Tag war es noch seltsamer. Plötzlich fiel mir mein Traum ein: In hellem Glanz tauchte alles, was ich im Laufe meines Lebens geliebt hatte, wieder empor, wie ein Friedhof mit weißen Grabsteinen, im Mondlicht, in gespenstischem Licht: Eigentlich war dieser Friedhof ein Bordell; die marmornen Grabsteine waren lebendig und an gewissen Stellen *behaart* ...

Ich sah Xenia an. Ich dachte in kindlichem Grauen: mütterlich! Xenia litt sichtlich. Sie sagte:

»Sprich ... sprich doch endlich ... Ich habe Angst, ich werde verrückt ...«

Ich wollte sprechen, aber ich konnte nicht. Ich zwang mich:

»Ich müsste dir mein ganzes Leben erzählen.«

»Nein, sprich ... Sag nur irgendwas ... aber sieh mich nicht mehr an, ohne etwas zu sagen ...«

»Als meine Mutter starb ...«

(Ich hatte keine Kraft, weiterzusprechen. Plötzlich erinnerte ich mich: Lazare gegenüber hatte ich mich gefürchtet, ›meine Mutter‹ zu sagen, ich hatte mich geschämt und ›eine alte Frau‹ gesagt.)

»Deine Mutter? ... Sprich doch ...«

»Sie war bei Tage gestorben. Ich blieb die folgende Nacht mit Edith in ihrer Wohnung.«

»Deiner Frau?«

»Meiner Frau. Ich weinte die ganze Zeit, ich schrie. Ich habe ... In der Nacht lag ich neben Edith, sie schlief ...«

Und wieder hatte ich keine Kraft, weiterzureden. Ich tat mir selber leid und hätte mich, wenn ich gekonnt hätte, auf dem Boden gewälzt, ich hätte am liebsten geheult, um Hilfe gerufen, auf meinem Kopfkissen blieb mir nur das bisschen Atem eines Sterbenden ... zuerst hatte ich es Dirty erzählt, dann Lazare ... Xenia hätte ich um Mitleid bitten, ich hätte mich ihr zu Füßen werfen sollen ... Ich konnte es nicht, aber ich verachtete sie aus tiefstem Herzen. Blöde stöhnte und jammerte sie weiter.

»Sprich ... Hab Mitleid mit mir ... sag doch was ...«

»... Zitternd ging ich barfuß durch den Gang ... Als ich vor der Leiche stand, bebte ich vor Angst und Erregung, auf dem Höhepunkt der Erregung ... Ich war in Trance ... Ich zog meinen Pyjama aus ... Ich habe mir ... du weißt schon ...«

So krank ich auch war, ich lächelte. Am Ende ihrer Kräfte ließ Xenia den Kopf sinken. Sie rührte sich kaum, aber einige scheinbar endlose Sekunden lang wurde sie von Zuckungen geschüttelt, dann gab sie nach, sackte zusammen, ihr schlaffer Körper fiel der Länge nach zu Boden.

Ich war dem Wahnsinn nahe und dachte: Sie ist widerwärtig, jetzt ist es so weit, ich werde bis ans Ende gehen. Langsam rutschte ich bis an den Bettrand, es kostete mich einige Anstrengung. Ich streckte einen Arm aus, ergriff ihren Rocksaum und zog ihn in die Höhe. Sie stieß einen entsetzlichen Schrei aus, rührte sich jedoch nicht: Ein Zittern befiel sie. Sie röchelte, mit der Wange fast auf dem Teppich und mit offenem Mund.

Ich war ganz von Sinnen. Ich sagte zu ihr:

»Du bist hier, um meinen Tod schmutziger zu machen. Zieh dich jetzt aus: Dann wird es so sein, als ob ich im Bordell verrecke.«

Xenia richtete sich, auf die Hände gestützt, langsam auf, sie fand ihre leidenschaftliche, ernste Stimme wieder:

»Du weißt, wohin das führt, wenn du diese Komödie weiterspielst.«

Sie stand auf und setzte sich ganz langsam auf das Fensterbrett: Sie sah mich an, ohne zu zittern.

»Guck mal, ich werde mich einfach ein wenig zurücklehnen ...«

Sie setzte tatsächlich zu der Bewegung an, die sie in die Leere hätte kippen lassen.

So widerwärtig ich auch sein mag, diese Bewegung tat mir weh und zu meinem seelischen Zusammenbruch kam nun noch ein Schwindelgefühl hinzu. Ich richtete mich auf. Ganz beklommen sagte ich: »Komm wieder her. Du weißt doch, würde ich dich nicht lieben, wäre ich nicht so grausam. Vielleicht wollte ich noch etwas mehr leiden.«

Ohne Eile verließ sie die Fensterbank. Sie schien abwesend, ihr Gesicht war welk vor Müdigkeit.

Ich dachte mir: Ich werde ihr die Geschichte von Krakatau erzählen. In meinem Kopf war jetzt ein Leck, alles, was ich dachte, entglitt mir. Ich wollte etwas sagen, und gleich darauf wusste ich nicht mehr, was ... Die alte Dienerin brachte auf einem Tablett Xenias Frühstück herein. Sie setzte es auf ein einbeiniges Tischchen. Mir stellte sie ein Glas Orangensaft hin, aber mein Zahnfleisch und meine Zunge waren entzündet, ich hatte mehr Angst als Lust zu trinken. Xenia schenkte sich Milch und Kaffee ein. Ich hielt mein Glas in der Hand, wollte trinken, konnte mich indessen nicht entschließen. Sie sah, wie ich die Geduld verlor. Ich hielt ein Glas in der Hand, trank jedoch nicht. Das war offensichtlich schwachsinnig. Sie wollte mich erlösen und mir das Glas abnehmen, eilte aber so ungeschickt herbei, dass sie dabei den Tisch mit dem Tablett umwarf und alles Geschirr klirrend auf dem Boden zerbrach: Hätte die Ärmste in diesem Augenblick die geringste Reaktionsfähigkeit besessen, wäre sie wohl ohne weiteres aus dem Fenster gesprungen. Mit jeder Minute wurde ihre Anwesenheit an meinem Krankenbett absurder. Und sie fühlte, dass diese Anwesenheit nicht zu rechtfertigen war. Sie bückte sich, las die herumliegenden Scherben auf und legte sie auf das Tablett: So konnte sie ihr Gesicht verbergen und ich nicht die Angst sehen (aber erraten), die es entstellte.

Schließlich trocknete sie den mit Milchkaffee getränkten Teppich, wozu sie ein Handtuch benutzte.

Ich sagte ihr, sie solle die Dienerin rufen, um sich ein neues Frühstück bringen zu lassen. Sie antwortete nicht, hob nicht einmal den Kopf. Ich sah, dass sie die Dienerin um nichts bitten konnte, doch musste sie etwas zu sich nehmen.

Ich sagte zu ihr:

»Mach den Schrank auf! Da steht eine Blechdose, in der Kekse sein müssen. Es muss da auch eine angebrochene Flasche Sekt stehen. Er ist zwar nicht kalt, aber wenn du davon willst ...«

Sie öffnete den Schrank und begann – mir den Rücken zuwendend – zu essen, dann schenkte sie sich, da sie Durst hatte, ein Glas Sekt ein und stürzte es mit einem Zug hinunter; sie aß rasch weiter und schenkte sich ein zweites Glas ein, darauf machte sie den Schrank wieder zu. Dann brachte sie alles in Ordnung. Als sie nichts mehr zu tun hatte, verzweifelte sie. Ich hätte eine Kampferspritze bekommen müssen. Ich sagte es ihr. Sie erbat das Nötige dazu in der Küche und ging dann ins Badezimmer, um alles vorzubereiten. Nach einigen Minuten kam sie mit einer vollen Spritze zurück. Ich drehte mich mühsam auf den Bauch und bot ihr, nachdem ich meine Pyjamahose heruntergezogen hatte, meine Hinterbacke dar. Sie wisse nicht, wie sie es machen solle, erklärte sie.

»Dann wirst du mir weh tun«, sagte ich. »Es wäre besser, meine Schwiegermutter zu rufen ...«

Ohne länger zu zögern, stach sie mit der Nadel entschlossen zu. Man hätte es nicht geschickter machen können. Aber die Gegenwart dieser Frau, die mir die Nadel in die Hinterbacke gepikt hatte, brachte mich ganz aus der Fassung. Es gelang mir – wenn auch nicht ohne Schmerzen –, mich wieder umzudrehen. Ich empfand nicht die geringste Scham; sie half mir, meine Hose wieder hochzuziehen. Ich wünschte, sie würde weitertrinken. Ich fühlte mich weniger elend. Ich sagte ihr, sie solle doch die Flasche und ein Glas aus dem Schrank nehmen, neben sich stellen und trinken.

Sie erwiderte nur:

»Wie du willst.«

Ich dachte: Wenn sie so weitertrinkt, werde ich zu ihr sagen: *Leg dich hin*, und sie wird sich hinlegen, *leck den Tisch ab*, und sie wird ihn ablecken ... Ich würde einen schönen Tod haben ... Alles widerte mich an, alles widerte mich zutiefst an.

Ich fragte Xenia:

»Kennst du ein Lied, das mit den Worten anfängt: ›Ich hab von einer Blume geträumt?‹«

»Ja. Warum?«

»Ich möchte, dass du es mir vorsingst. Ich beneide dich, dass du – wenn auch schlechten – Sekt trinken kannst. Trink noch ein bisschen. Die Flasche muss leer werden.«

»Wie du willst.«

Und sie trank in langen Zügen.

Ich fuhr fort:

»Warum willst du nicht singen?«

»Und warum gerade ›Ich hab von einer Blume geträumt‹?«

»Weil ...«

»Also, das oder was anderes ...«

»Du singst, nicht wahr? Ich bin entzückt. Du bist lieb.«

Sie sang, betrübt. Sie stand da, mit offenen Händen, die Augen hatte sie auf den Teppich gerichtet.

Ich hab von einer Blume geträumt,
Die nie verblüht.
Ich hab von einer Liebe geträumt,
Die ewig glüht.

Ihre tiefe Stimme war voller Gefühl, sie hauchte die letzten Worte und endete mit einer beängstigenden Müdigkeit:

Dem Glück und den Blumen auf Erden
Wird Dauer nicht beschieden werden.

....

Daraufhin sagte ich ihr:

»Du könntest mir noch einen Gefallen tun.«

»Ich tue, was du willst.«

»Es wäre so schön gewesen, wenn du nackt vor mir gesungen hättest.«

»Nackt gesungen?«

»Du wirst noch etwas mehr trinken. Du wirst die Tür abschließen. Ich werde dir neben mir Platz machen. Nun zieh dich aus.«

»Aber das ist doch unvernünftig.«

»Du hast es mir versprochen. Du tust, was ich will.«

Ich sah sie wortlos an, als liebte ich sie. Sie trank zögernd weiter. Sie sah mich an. Dann zog sie ihr Kleid aus. Sie war von nahezu verrückter Schlichtheit. Ohne zu zögern, streifte sie ihr Hemd ab. Ich riet ihr, sich aus der Kleiderecke hinten im Zimmer einen Morgenrock meiner Frau zu holen. Den könne sie sich, wenn jemand käme, schnell überziehen; Schuhe und Strümpfe solle sie anbehalten; das Kleid und das Hemd, die sie schon ausgezogen hatte, solle sie verstecken.

Ich fügte hinzu:

»Ich möchte, dass du noch einmal singst. Dann legst du dich zu mir.«

Letztlich geriet ich ganz durcheinander, umso mehr, als ihr Körper noch viel reizvoller und verlockender war als ihr Gesicht. Und da sie die Strümpfe anbehalten hatte, wirkte sie zudem besonders nackt.

Dann sagte ich, und diesmal ganz leise, es war eine Art Flehen, ich neigte mich zu ihr hin, ich legte glühende Liebe in meine bebende Stimme:

»Tu mir den Gefallen, sing stehend, sing, so laut du kannst …«

»Wenn du willst«, sagte sie.

Die Kehle schnürte sich ihr zusammen, so sehr verwirrte sie die Liebe und das Gefühl ihrer Blöße. Die melodischen Phrasen des Liedes turtelten durchs Zimmer und ihr ganzer Körper schien zu glühen. Ein Taumel der Begeisterung schien sie um den Verstand zu bringen und ihren singenden, trunkenen Kopf zu schütteln.

Oh Wahnsinn! Sie weinte, als sie in ihrer ganzen Nacktheit auf mein Bett zukam – das ich für mein Sterbebett hielt. Sie fiel auf die Knie, sie fiel vor mir nieder, um ihre Tränen in den Laken zu verbergen.

Ich sagte zu ihr:

»Komm zu mir und weine nicht mehr.«

Sie antwortete:

»Ich bin betrunken.«

Die Flasche auf dem Tisch war leer. Sie legte sich hin. Die Schuhe hatte sie immer noch an. Sie streckte sich aus, den Hintern in die Luft, ihr Gesicht vergrub sie in den Kissen.

Wie sonderbar, ihr mit glühender Zärtlichkeit, wie man sie gewöhnlich nur nachts findet, ins Ohr zu flüstern.

Ganz leise sagte ich ihr:

»Weine nicht mehr, ich lechzte nach deiner Tollheit, ich lechzte danach, um nicht zu sterben.«

»Du wirst nicht sterben, nicht wahr?«

»Ich will nicht mehr sterben. Ich will mit dir leben ... Als du dich auf das Fensterbrett setztest, bekam ich Angst vor dem Tod. Ich stelle mir das leere Fenster vor ... ich hatte entsetzliche Angst ... du ... und dann ich ... zwei Tote ... und das leere Zimmer ...«

»Warte, ich werde das Fenster schließen, wenn du willst.«

»Nein. Das ist nicht nötig. Bleib bei mir, noch näher ... Ich will deinen Atem spüren.«

Sie rückte ganz nah an mich heran, aber ihr Mund roch nach Wein. Sie sagte zu mir:

»Du glühst ja.«

»Ich fühle mich schlechter«, antwortete ich, »ich habe Angst zu sterben ... Ich war immer schon von Todesangst besessen und jetzt ... ich will dieses offene Fenster nicht mehr sehen, es macht mich schwindlig ... das ist es.«

Sogleich stürzte Xenia ans Fenster.

»Du kannst es zumachen, aber komm wieder ... komm schnell wieder ...«

Alles verschwamm. Manchmal wird man auf diese Art von einem unwiderstehlichen Schlaf überwältigt. Sprechen ist nutzlos. Die Sätze sind bereits tot, leblos, wie im Traum ...

Ich stammelte:

»Er kann nicht eintreten ...«

»Wer sollte denn eintreten?«

»Ich habe Angst ...«

»Vor wem hast du Angst?«

»... Vor Frascata ...«

»Frascata?«

»Aber nein. Ich träumte. Da ist noch jemand anders.«

»Doch nicht deine Frau ...«

»Nein. Edith kann es nicht sein ... es ist zu früh.«

»Aber wer anders denn, Henri, von wem hast du gerade gesprochen? Du musst es mir sagen ... ich verliere den Kopf ... du weißt, dass ich zu viel getrunken habe ...«

Nach einem langatmigen Schweigen verkündete ich:

»Es kommt niemand!«

Plötzlich fiel ein verschlungener Schatten vom heiteren Himmel. Er schlug hin und her und klatschte an den Fensterrahmen. Ich zuckte auf und krümmte mich zusammen. Es war ein langer, aus der oberen Etage herabhängender Teppich: Einen Augenblick lang schauderte ich. In meiner Stumpfheit hatte ich geglaubt: jener, den ich den ›Komtur‹ zu nennen pflegte, sei eingetreten. Er kam stets, wenn ich ihn einlud. Sogar Xenia hatte Angst gehabt. Sie hatte wie ich Furcht vor einem Fenster, in dem sie eben noch mit der Absicht gesessen hatte, sich hinunterzustürzen. Sie hatte bei dem jähen Auftauchen des Teppichs nicht geschrien ... sie hatte sich wie ein Jagdhund eng an mich geschmiegt, sie war aschfahl, sie hatte den Blick einer Wahnsinnigen.

Ich verlor den Boden unter den Füßen.

»Es ist zu finster ...«

... Xenia streckte sich der Länge nach neben mir

aus ... sie sah nunmehr wie eine Tote aus ... sie war nackt ... sie hatte die bleichen Brüste einer Prostituierten ... eine Rußwolke verdüsterte den Himmel ... sie raubte den Himmel und das Licht in mir ... eine Leiche neben mir ... sollte ich sterben?

... Sogar diese Komödie entging mir ... es war eine Komödie ...

Antonios Geschichte

I

Wenige Wochen später hatte ich schon vergessen, dass ich krank gewesen war. In Barcelona begegnete ich Michel. Plötzlich sah ich ihn vor mir. Er saß an einem Tisch in der Criolla. Lazare hatte ihm gesagt, ich läge im Sterben. Dieser Satz von Michel rief mir eine quälende Vergangenheit wieder ins Gedächtnis.

Ich bestellte eine Flasche Kognak. Ich fing an zu trinken und füllte auch Michels Glas. Ich wollte mich möglichst schnell betrinken. Ich kannte die berühmte Criolla schon seit langem, aber für mich besaß sie keine Anziehungskraft. Ein als Mädchen verkleideter Bursche drehte seine Runden auf der Tanzfläche: Er trug ein rückenfreies Abendkleid. Das Absatzgeklapper des spanischen Tanzes dröhnte auf dem Parkett ... Ich empfand tiefes Unbehagen. Ich sah Michel an. Er war nicht dem Laster verfallen.

Michel wurde umso linkischer, je betrunkener er wurde. Er rutschte auf seinem Stuhl hin und her.

Ich war empört. Ich sagte zu ihm:

»Ich wünschte, dass Lazare dich hier sähe … in so einer Spelunke!«

Er fiel mir ins Wort, überrascht: »Aber Lazare kam oft in die Criolla.«

In fassungslosem Erstaunen sah ich Michel unverwandt an.

»Aber ja doch! Als Lazare voriges Jahr in Barcelona war, hat sie oft die Nacht in der Criolla verbracht. Ist das so ungewöhnlich?«

Die Criolla zählt in der Tat zu den bekanntesten Sehenswürdigkeiten Barcelonas. Und doch dachte ich, Michel scherze. Ich sagte ihm das: Der Scherz war absurd; bei dem bloßen Gedanken an Lazare wurde ich krank. Ich fühlte die ganze aufgestaute sinnlose Wut in mir.

Ich schrie, ich war wahnsinnig, ich nahm die Flasche in die Hand:

»Michel, wenn Lazare hier vor mir stünde, würde ich sie erschlagen.«

Eine andere Tänzerin – ein anderer Tänzer – betrat unter Lachen und Schreien die Tanzfläche. Er trug eine blonde Perücke. Er war schön, abscheulich, lächerlich.

»Ich will sie schlagen, sie richtig durchprügeln …«

Das war so abwegig, dass Michel sich erhob. Er fasste mich am Arm. Er fürchtete, ich könne die Beherrschung verlieren. Auch er war betrunken. Er sah verstört aus, er sank auf seinen Stuhl zurück.

Ich beruhigte mich, während ich dem Tänzer mit der Sonnenmähne zuschaute.

»Lazare! Nicht sie hat sich schlecht benommen«, schrie Michel. »Im Gegenteil, sie hat mir erzählt, dass du sie misshandelt hast – mit Worten ...«

»Das hat sie dir also erzählt!«

»Aber sie nimmt es dir nicht übel.«

»Sag mir nicht noch mal, dass Lazare in der Criolla gewesen ist. Lazare in der Criolla! ...«

»Sie ist mehr als einmal mit mir hier gewesen: Sie fand es brennend interessant hier. Sie wollte gar nicht mehr weggehen. Sie musste sprachlos gewesen sein. Sie hat mir von den Albernheiten, die du ihr gegenüber geäußert hast, nie etwas erzählt.«

Ich hatte mich wieder halbwegs beruhigt:

»Das werde ich dir ein andermal erzählen. Sie besuchte mich, als ich im Sterben lag! Sie nimmt es mir nicht übel? ... Ich aber, ich werde ihr nie verzeihen. Niemals! Kapierst du? Aber sagst du mir vielleicht mal, was sie in der Criolla zu schaffen hatte? ... Lazare? ...«

Ich konnte mir nicht vorstellen, dass Lazare wie ich an einem Tisch vor einem so skandalösen Schauspiel saß. Ich war wie vor den Kopf geschlagen. Ich hatte das Gefühl, etwas vergessen zu haben – was ich kurz zuvor noch gewusst hatte und was ich unbedingt wiederfinden musste. Ich hätte ausführlicher und lauter sprechen wollen; ich war mir einer völligen Ohnmacht bewusst. Ich war nun vollkommen betrunken.

Der besorgte Michel wurde immer linkischer. Er war schweißgebadet, unglücklich. Je mehr er nachdachte, umso mehr fühlte er sich überfordert.

»Ich wollte ihr einmal das Handgelenk umdrehen«, erklärte er mir.

»...«

»Eines Tages ... eben hier ...«

Ich stand unter Druck, ich wäre fast geplatzt.

Mitten in dem Lärm brach Michel in schallendes Gelächter aus:

»Du kennst sie nicht! Sie bat mich, ihr Nadeln ins Fleisch zu stechen! Du kennst sie nicht! Sie ist unausstehlich ...«

»Warum Nadeln?«

»Sie wollte sich abhärten ...«

»Abhärten? Gegen was?«

Michel lachte noch lauter.

»Um die Folter zu ertragen ...«

Plötzlich wurde er wieder ernst, sosehr er es in seiner tollpatschigen Art vermochte. Er sah bedrückt, er sah fast idiotisch aus. Er begann wieder zu sprechen. Er wütete:

»Noch etwas musst du unbedingt wissen. Du weißt ja, Lazare verhext alle, die sich auf sie einlassen.

Denen erscheint sie einfach überirdisch. Es gibt hier Leute, Arbeiter, denen sie Schauer einjagte. Sie bewunderten sie. Dann trafen sie sie in der Criolla. Hier in der Criolla glich sie einem Geist. Ihre Freunde, die an ihrem Tisch saßen, waren entsetzt. Sie konnten gar nicht begreifen, dass sie da war. Eines Tages begann einer von ihnen, fassungslos, zu trinken ... Er war außer sich; er hat es wie du gemacht, sich eine Flasche bestellt. Er trank ein Glas nach dem anderen. Ich dachte, er wolle mit ihr schlafen. Gewiss, er hätte sie umbringen können, noch lieber hätte er sich für sie umbringen lassen, niemals jedoch hätte er sie gebeten, mit ihm zu schlafen. Sie betörte ihn, und hätte ich ihm von ihrer Hässlichkeit gesprochen, hätte er das gar nicht verstanden. Denn in seinen Augen war Lazare eine Heilige und sollte es auch bleiben. Es war ein ganz junger Mechaniker namens Antonio.«

Ich tat, was der junge Arbeiter getan hatte; ich leerte mein Glas, und Michel, der nur selten trank, hielt mit mir Schritt. Er geriet in einen Zustand äußerster Erregung. Ich hingegen stand vor der Leere, unter einem Licht, das mich blendete, vor einer Verstiegenheit, die unsere Vorstellungskraft übersteigt.

Michel wischte sich den Schweiß von der Stirn. Er fuhr fort:

»Es ärgerte Lazare, dass Antonio trank. Sie sah ihm in die Augen und sagte zu ihm: ›Heute früh habe ich Ihnen einen Zettel zur Unterschrift vorgelegt; Sie haben unterschrieben, ohne ihn zu lesen.‹ Sie sprach ohne die leiseste Ironie. Antonio antwortete: ›Ist das so wichtig?‹ Lazare erwiderte: ›Aber wenn ich Ihnen nun ein faschistisches Glaubensbekenntnis zum Unterschreiben vorgelegt hätte?‹ Nun sah Antonio Lazare in die Augen. Er war fasziniert, aber außer sich. Herausfordernd antwortete er: ›Ich würde Sie umbringen.‹ Darauf Lazare: ›Haben Sie einen Revolver in der Tasche?‹ Er antwortete: ›Ja.‹ Lazare: ›Dann wollen wir hinausgehen.‹ Wir gingen hinaus. Sie wollten einen Zeugen dabeihaben.«

Mir verschlug es den Atem. Ich bat Michel, dessen Schwung nachließ, weiterzuerzählen, ohne dauernd zu stocken.

Abermals wischte er sich den Schweiß von der Stirn:

»Wir gingen zum Meer, zu der Stelle, wo Stufen zu ihm hinunterführen. Der Morgen graute. Schweigend gingen wir nebeneinanderher. Ich war verwirrt, Antonio von kalter Wut erfüllt, aber noch betäubt vom Alkohol, Lazare abwesend, ruhig wie eine Tote! ...«

»Aber das war doch alles nur ein Scherz?«

»Das war kein Scherz. Ich ließ den Dingen ihren Lauf. Ich weiß nicht, warum ich Angst hatte. Am Ufer stiegen Lazare und Antonio auf die letzten Stufen hinunter. Lazare forderte Antonio auf, zum Revolver zu greifen und ihr den Lauf auf die Brust zu setzen.«

»Hat Antonio das getan?«

»Auch er sah geistesabwesend aus; er zog eine Browning aus seiner Tasche, lud sie und setzte Lazare den Lauf auf die Brust.«

»Und dann?«

»Lazare fragte ihn: ›Sie schießen nicht?‹ Er gab keine Antwort und verharrte zwei Minuten, ohne sich zu rühren. Schließlich sagte er ›Nein‹ und setzte den Revolver wieder ab ...«

»Das ist alles?«

»Antonio sah erschöpft aus: Er war aschfahl, und da es kalt war, begann er zu frösteln. Lazare ergriff den Revolver, sie nahm die erste Patrone heraus. Diese Patrone steckte im Lauf, als der Revolver auf ihre Brust gerichtet war; dann sprach sie mit Antonio. Sie sagte ihm: ›Geben Sie sie mir.‹ Sie wollte sie als Andenken behalten.«

»Hat Antonio sie ihr gegeben?«

»Antonio sagte zu ihr: ›Wie Sie wollen.‹ Sie steckte die Patrone in ihre Handtasche.«

Michel schwieg; er sah fassungsloser aus als je zuvor. Ich dachte an die Fliege in der Milch. Er wusste nicht mehr, ob er lachen oder wütend werden sollte. Er sah wahrhaftig aus wie die Fliege in der Milch, oder wie ein schlechter Schwimmer, der Wasser schluckt ... Er vertrug keinen Alkohol. Schließlich war er den Tränen nahe. In dem Lärm der Musik fuchtelte er seltsam mit den Händen, als müsse er ein Insekt verscheuchen:

»Kannst du dir eine absurdere Geschichte vorstellen?«, fragte er noch.

Der Anlass für sein Gefuchtel war der ihm von der Stirn rinnende Schweiß.

2

Die Geschichte hatte mich ganz benommen gemacht. Noch konnte ich Michel Fragen stellen – wir waren trotz allem bei klarem Verstand –, als seien wir nicht betrunken, sondern nur zur einer verzweifelten Aufmerksamkeit genötigt:

»Kannst du mir sagen, was für ein Mensch Antonio war?«

Michel deutete auf einen Jungen am Nachbartisch und sagte, dieser ähnele ihm.

»Antonio?«, und er machte ein wütendes Gesicht … »Vor vierzehn Tagen hat man ihn verhaftet: Er ist ein Aufständischer.«

Möglichst ernst fragte ich noch:

»Kannst du mir etwas über die politische Lage in Barcelona sagen? Ich weiß nichts darüber.«

»Es wird alles in die Luft gehen …«

»Warum kommt Lazare nicht?«

»Wir erwarten sie jeden Tag.«

Lazare würde also nach Barcelona kommen, um an dem Aufstand teilzunehmen.

Mein Ohnmachtszustand wurde so qualvoll, dass diese Nacht ohne Michel übel hätte enden können.

Michel hatte selbst einen schweren Kopf, aber es gelang ihm, mich wieder zum Hinsetzen zu bewegen. Mühsam versuchte ich, mich an Lazares Stimme zu erinnern, vor einem Jahr hatte sie auf einem dieser Stühle gesessen. Lazare sprach stets kaltblütig, langsam, wie zu sich selbst. Ich musste lachen bei dem Gedanken an irgendeinen dieser langsamen Sätze, die ich zu hören bekommen hatte. Wäre ich doch an Antonios Stelle gewesen. Ich hätte sie erschossen ... Bei der Vorstellung, dass ich Lazare vielleicht liebte, entfuhr mir ein Schrei, der im Tumult unterging. Ich hätte mich selbst zerfleischen können. Ich war von dem Revolver besessen – von dem Bedürfnis zu schießen, ihr die Kugeln ... in den Bauch zu jagen ... in ihre ... Als ob ich mit absurden Gesten ins Leere fiele, so wie wir im Traum Schüsse abgeben, die verpuffen.

Ich war am Ende: Ich musste mich sehr anstrengen, um wieder zu mir zu kommen. Ich sagte zu Michel:

»Mir graut vor Lazare so sehr, dass ich vor ihr Angst habe.«

Michel, der mir gegenübersaß, sah wie ein Kranker aus. Auch er machte übermenschliche Anstrengungen, um sich aufrecht zu halten. Er fasste sich mit den Händen an die Stirn, wobei er sich nicht dagegen wehren konnte, beinahe lachen zu müssen:

»Wirklich, ihr zufolge hast du sie einen derart wilden Hass spüren lassen ... Sie hatte selbst Angst. Ich hasse sie auch.«

»Du hasst sie! Vor zwei Monaten, als sie glaubte, ich würde sterben, kam sie, um mich an meinem Bett aufzusuchen. Man ließ sie herein; sie näherte sich meinem Bett auf Zehenspitzen. Als ich sie in der Mitte des Zimmers erblickte, blieb sie auf Zehenspitzen stehen, unbeweglich, sie sah aus wie eine reglose Vogelscheuche mitten auf einem Feld ...

Sie stand drei Schritte vor mir, aschfahl, als ob sie einen Toten gesehen hätte. Die Sonne schien ins Zimmer, aber Lazare war schwarz, sie war schwarz wie die Gefängnisse. Der Tod lockte sie an, verstehst du? Als ich sie plötzlich sah, bekam ich eine solche Angst, dass ich aufschrie.«

»Und sie?«

»Sie sagte kein Wort, sie rührte sich nicht. Ich habe sie beschimpft. Ich habe sie dreckige Fotze genannt. Ich habe sie Pfaffe genannt. Ich bin sogar so weit gegangen, ihr zu sagen, ich sei ganz ruhig, kaltblütig, aber ich zitterte an allen Gliedern. Ich stotterte, Speichel rann mir aus dem Mund. Ich habe ihr gesagt, Sterben sei qualvoll, aber noch im Sterben ein so niederträchtiges Wesen wie sie sehen zu müssen, das sei zu viel. Ich hätte gewünscht, meine Bettpfanne wäre voll gewesen, ich hätte ihr die Scheiße ins Gesicht geschleudert.«

»Was hat sie darauf gesagt?«

»Sie hat zu meiner Schwiegermutter gesagt, es sei wohl besser, wenn sie ginge – ohne die Stimme zu heben.«

Ich lachte. Ich lachte. Ich sah alles doppelt, und ich verlor den Kopf.

Auch Michel prustete vor Lachen:

»Ist sie gegangen?«

»Sie ist gegangen. Ich habe mein ganzes Bettzeug nass geschwitzt. Ich habe geglaubt, augenblicklich sterben zu müssen. Aber gegen Abend wurde es mir wohler, ich fühlte, dass ich gerettet war ... Versteh mich richtig, ich musste ihr Angst einjagen. Ich wäre sonst gestorben, meinst du nicht auch?«

Michel war zusammengesackt, er richtete sich wieder auf: Er litt, aber gleichzeitig sah er so aus, als ob er gerade seine Rachlust gestillt hätte; er fantasierte:

»Lazare liebt die kleinen Vögel: So sagt sie, aber sie lügt. Sie lügt, hörst du? Sie versprüht einen Grabesgeruch. Ich weiß es: Ich habe sie einmal in den Arm genommen ...«

Michel erhob sich. Er war bleich. Er sagte mit einem Ausdruck tiefster Blödigkeit:

»Ich geh lieber mal auf die Toilette.«

Auch ich erhob mich. Michel ging hinaus, um sich

zu übergeben. Das Gekreisch der Criolla im Kopf stand ich da, verloren im Trubel. Ich begriff nichts mehr: Hätte ich geschrien, hätte mich niemand gehört, selbst wenn ich noch so laut geschrien hätte. Ich hatte nichts zu sagen. Ich hatte mich noch längst nicht zu Ende verirrt. Ich lachte. Ich hätte den anderen am liebsten ins Gesicht gespuckt.

Das Blau des Himmels

I

Als ich aufwachte, packte mich die Panik – bei der Vorstellung, Lazare zu begegnen. Hastig habe ich mich angekleidet, um Xenia zu telegrafieren, sie möge zu mir nach Barcelona kommen. Warum hatte ich Paris verlassen, ohne mit ihr geschlafen zu haben? Es war mir während der Zeit meiner Krankheit schwer genug gefallen, sie zu ertragen, doch eine Frau, die man kaum liebt, wird viel erträglicher, sobald man es mit ihr treibt. Ich hatte es satt, mit Prostituierten zu schlafen.

Beschämenderweise hatte ich vor Lazare Angst. Als wäre ich ihr Rechenschaft schuldig. Ich erinnerte mich an das absurde Gefühl, das ich in der Criolla empfunden hatte. Bei dem Gedanken, ihr zu begegnen, bekam ich solche Angst, dass ich keinen Hass mehr gegen sie empfand. Ich stand auf und zog mich schnell an, um zu telegrafieren. Bei aller Verzweiflung war ich fast einen Monat lang glücklich gewesen. Ich kam aus einem Albtraum, jetzt kam der Albtraum wieder zu mir.

Ich erklärte Xenia in meinem Telegramm, dass ich bis jetzt keine feste Adresse gehabt hätte. Ich wünschte, sie käme möglichst schnell nach Barcelona.

Ich hatte mich mit Michel verabredet. Er sah sorgenvoll aus. Ich nahm ihn zum Essen in ein kleines Restaurant des Parallelo mit, aber er aß wenig und trank noch weniger. Ich sagte ihm, dass ich kaum die Zeitungen lese. Er antwortete mir, nicht ohne Ironie, der Generalstreik sei für den nächsten Tag ausgerufen. Ich täte gut daran, zurück nach Calella zu meinen Freunden zu gehen. Ich aber wollte unbedingt in Barcelona bleiben, wo ich die Unruhen miterleben würde, wenn welche ausbrächen. Ich wolle mich nicht daran beteiligen, aber würde über ein Auto verfügen, das mir einer meiner Freunde, der sich zur Zeit in Calella aufhalte, für eine Woche geliehen habe. Sollte er einen Wagen brauchen, könnte ich ihn ja fahren. Er brach mit unverhohlener Feindseligkeit in Lachen aus. Er war überzeugt, dass er zur anderen Seite gehörte: Er war mittellos, zu allem bereit, um die Revolution zu unterstützen. Ich dachte: Bei einem Aufstand wird er wie vom Mond sein und sich dämlicherweise umbringen lassen. Mir missfiel die ganze Angelegenheit: In gewisser Hinsicht war die Revolution Teil des Albtraums, dem ich entkommen zu sein glaubte.

Ich dachte, nicht ohne ein Gefühl der Verlegenheit, an die letzte Nacht in der Criolla. Michel ebenfalls. Diese Nacht, nehme ich an, beunruhigte ihn, sie beunruhigte und bedrückte ihn. Er fand einen undefinierbaren – herausfordernden, verängstigten – Ton, um mir schließlich mitzuteilen, dass Lazare am Abend zuvor eingetroffen sei.

Michel gegenüber, und zumal angesichts seines Lächelns, blieb ich äußerlich gleichgültig – obwohl mich diese Nachricht durch ihre Plötzlichkeit aus der Fassung gebracht hatte. Es sei nun einmal nicht zu ändern, erklärte ich ihm, dass ich kein spanischer Arbeiter sei, sondern ein wohlhabender Franzose, der sich zu seinem Vergnügen in Katalonien aufhält. Aber ein Auto könne in gewissen Fällen, zumal unter gefährlichen Umständen, nützlich sein (gleich darauf fragte ich mich, ob ich diesen Vorschlag nicht bereuen würde: Immerhin musste mir klar sein, dass ich mich auf diese Weise Lazare auslieferte; Lazare hatte ihre Zwistigkeiten mit Michel vergessen, sie würde ein nützliches Werkzeug nicht so verachten, jedenfalls zitterte ich vor nichts so sehr wie vor Lazare).

Aufgeregt verließ ich Michel. Ich konnte mir nicht verhehlen, dass ich den Arbeitern gegenüber ein schlechtes Gewissen hatte. Das war unbedeutend und unhaltbar, aber ich war umso niedergeschlagener, als mein schlechtes Gewissen gegenüber Lazare von der gleichen Art war. In einem solchen Augenblick, das sah ich, war mein Leben nicht zu rechtfertigen. Ich schämte mich. Ich beschloss, den Abend und die Nacht in Calella zu verbringen. Ich hatte an diesem Abend keine Lust mehr, in Kneipen herumzulungern. Doch war ich außerstande, in meinem Hotelzimmer zu bleiben.

Nach ungefähr zwanzig Kilometern in Richtung Calella (etwa der Hälfte des Weges) besann ich mich eines anderen. Ich konnte ja im Hotel schon eine telegrafische Anwort von Xenia bekommen haben. Ich fuhr nach Barcelona zurück. Ich hatte ein unbehagliches Gefühl. Wenn die Unruhen begännen, würde Xenia mich nicht mehr erreichen können. Es war noch keine Antwort da: Ich gab ein weiteres Telegramm auf und bat Xenia, möglichst noch am gleichen Abend abzureisen. Ich wusste genau, wenn Michel meinen Wagen benutzen würde, hätte ich alle Aussicht, Lazare zu begegnen. Ich verwünschte die Neugier, die mich veranlasst hatte, aus der Ferne am Bürgerkrieg teilzunehmen. Als Mensch war ich zweifellos nicht zu rechtfertigen; vor allem regte ich mich unnötig auf. Es war noch keine fünf Uhr, und die Sonne brannte heiß. Auf der Straße hätte ich gern mit den anderen gesprochen; ich war in einer blinden Menge verloren. Ich kam mir so blöde und so ohnmächtig vor wie ein Kleinkind. Ich kehrte zum Hotel zurück; aber noch immer keine Antwort auf meine Telegramme. Wie gerne hätte ich mich unter die Passanten gemischt und reden wollen, aber am Vorabend eines Aufstandes war das unmöglich. Ich hätte gern gewusst, ob der Aufruhr in den Arbeitervierteln bereits begonnen hatte. Der Anblick, den die Stadt bot, war ungewohnt, aber es gelang mir nicht, die Dinge ernst zu nehmen. Ich wusste nicht, was ich tun sollte, und besann mich zwei- oder dreimal um. Letztlich beschloss ich, ins Hotel zurückzugehen und mich auf mein Bett zu legen: In der ganzen Stadt herrschte etwas Überspanntes, Überreiztes und Deprimierendes. Ich überquerte den Katalonischen Platz. Ich fuhr zu schnell: Ein wahrscheinlich betrunkener Mann rannte mir plötzlich vor den Wagen. Ich trat scharf auf die Bremse und konnte einen Unfall vermeiden, aber die Nerven waren mir durchgegangen. Ich war in Schweiß gebadet. Etwas weiter, auf der Rambla, glaubte ich, Lazare in Begleitung von Monsieur Melou zu erblicken, der einen grauen Cutaway und eine Kreissäge trug. Die Angst machte mich krank (später erfuhr ich mit Gewissheit, dass Monsieur Melou gar nicht nach Barcelona gekommen war).

Im Hotel stieg ich, den Aufzug verschmähend, die Treppe hinauf. Ich warf mich auf das Bett. Ich hörte mein Herz schlagen. Ich fühlte schmerzhaft das Pochen des Blutes in den Schläfen. Lange verlor ich mich in zittrigem Abwarten. Ich ließ Wasser über mein Gesicht laufen. Ich hatte großen Durst. Ich rief das Hotel an, in dem Michel abgestiegen war. Er war nicht da. Dann verlangte ich Paris. In Xenias

Wohnung meldete sich niemand. Ich sah im Fahrplan nach und rechnete mir aus, dass sie bereits am Bahnhof sein konnte. Ich versuchte, in meiner Wohnung anzurufen, in der weiterhin meine Schwiegermutter wohnte, solange meine Frau nicht da war. Ich dachte, dass meine Frau inzwischen hätte zurück sein können. Meine Schwiegermutter antwortete: Edith sei mit den beiden Kindern in England geblieben. Sie fragte mich, ob ich den Rohrpostbrief bekommen habe, den sie vor einigen Tagen in einen Umschlag gesteckt und mir mit Luftpost nachgesandt habe. Ich erinnerte mich, einen Brief von ihr in meiner Tasche vergessen zu haben, den ich erst gar nicht geöffnet hatte, als ich die Schrift darauf erkannte. Ich bestätigte den Empfang und hängte ein – verärgert, eine feindselige Stimme gehört zu haben.

Der in meiner Tasche verknitterte Umschlag war schon mehrere Tage alt. Nachdem ich ihn geöffnet hatte, erkannte ich auf dem Rohrpostbrief Dirtys Schrift. Ich zweifelte noch und riss ihn fieberhaft auf. Im Zimmer stand eine entsetzliche Hitze: Es war, als sollte es mir niemals gelingen, den Brief ganz zu öffnen, und ich fühlte, wie mir der Schweiß über die Wangen rann. Da entdeckte ich jenen Satz, der mich erstarren ließ: ›Ich liege Dir zu Füßen‹ (so begann der Brief sonderbarerweise). Sie wollte mich um Verzeihung bitten, dass ihr der Mut gefehlt habe, sich umzubringen. Sie war nach Paris gekommen, um mich wiederzusehen. Sie wartete darauf, dass ich sie in ihrem Hotel anriefe. Ich fühlte mich sehr elend: Einen Moment lang fragte ich mich – ich hatte abermals den Hörer abgenommen –, ob ich überhaupt Worte finden würde. Es gelang mir, das Hotel in Paris zu verlangen. Das Warten brachte mich schier um. Ich betrachtete den Rohrpostbrief: Er trug den Stempel vom 30. September, und heute hatten wir den 4. Oktober. Verzweifelt schluchzte ich. Nach einer Viertelstunde antwortete das Hotel, Mademoiselle Dorothea S... sei ausgegangen (Dirty war nur die provozierende Abkürzung von Dorothea): Ich gab die nötigen Anweisungen. Sie möge mich, sobald sie zurückkehre, anrufen. Ich hängte wieder ein: Das war mehr, als mein Kopf vertragen konnte.

Die Leere wurde für mich zu einer Zwangsvorstellung. Es war neun Uhr. Im Prinzip saß Xenia im Zug nach Barcelona und näherte sich mir rasch: Ich stellte mir die Geschwindigkeit des hellerleuchteten Zuges vor, der durch die Nacht raste und mir mit schrecklichem Getöse näher kam. Ich glaubte eine Maus, vielleicht eine Küchenschabe, irgendetwas Schwarzes zwischen meinen Beinen über den Fußboden huschen zu sehen. Das war zweifellos eine durch die Müdigkeit hervorgerufene Täuschung. Mich überkam eine Art Schwindel. Ich saß in der Klemme, da ich in Erwartung des Telefonanrufes das Hotel nicht verlassen konnte: Ich konnte nichts aufhalten; jeglicher Handlungsspielraum war mir genommen. Ich ging zum Abendessen in den Speisesaal des Hotels hinunter. Jedes Mal, wenn das Telefon klingelte, fuhr ich auf, ich fürchtete, die Telefonistin könne das Gespräch aus Versehen in mein Zimmer durchstellen. Ich bat um einen Fahrplan und ließ mir Zeitungen holen. Ich wollte nachsehen, wann Züge von Barcelona nach Paris gingen. Ich hatte Angst, dass ein Generalstreik mich hindern könnte, nach Paris zu fahren. Ich wollte die Zeitungen von Barcelona lesen und las sie auch, begriff jedoch nicht, was ich las. Ich dachte, dass ich notfalls bis zur Grenze mit dem Auto fahren könnte.

Nach dem Abendessen wurde ich gerufen: Ich war ruhig, aber ich nehme an, dass ich es nicht einmal gehört hätte, wenn man neben mir einen Revolver abgefeuert hätte. Es war Michel. Er bat mich, ihn aufzusuchen. Ich sagte ihm, dass ich das im Augenblick wegen eines Anrufes, den ich erwartete, nicht könne, dass ich ihn aber, wenn er nicht zu mir ins Hotel kommen könne, im Laufe der Nacht aufsuchen wolle. Michel nannte mir den Ort, wo er zu finden war. Er wollte mich unbedingt sehen. Er sprach wie jemand, den man beauftragt hat, Befehle zu erteilen, und der allein bei dem Gedanken erzittert, etwas zu vergessen. Er hängte ein. Ich gab der Telefonistin etwas Trinkgeld, ging in mein Zimmer und legte mich hin. Es herrschte drückende Hitze in diesem Zimmer. Ich holte mir am Waschbecken ein Glas Wasser und stürzte es hinunter: Es war lauwarm. Ich zog Jacke und Hemd aus. Ich betrachtete meinen nackten Oberkörper im Spiegel. Ich streckte mich wieder auf meinem Bett aus. Man klopfte an, um mir ein Telegramm von Xenia zu bringen: Wie ich es mir gedacht hatte, würde sie am nächsten Tag mit dem Mittagsschnellzug eintreffen. Ich putzte mir die Zähne. Ich rieb mir den Körper mit einem feuchten Handtuch ab. Aus Furcht, den Anruf zu überhören, wagte ich nicht, zur Toilette zu gehen. Um die Wartezeit zu verkürzen, wollte ich bis fünfhundert zählen. Ich gab es bald schon auf. Ich dachte, dass es nichts bringe, sich in solch einen Angstzustand zu versetzen. War das nicht schreiender Unsinn? Seit dem Warten in Wien hatte ich nichts Grausameres durchgemacht. Um halb elf läutete das Telefon: Ich wurde mit Dirtys Hotel verbunden. Ich verlangte, sie persönlich zu sprechen. Ich konnte nicht begreifen, dass sie mich von jemand anderem anrufen ließ. Die Verbindung war schlecht, aber es gelang mir, ruhig zu bleiben und deutlich zu sprechen. Als wäre ich das einzige ruhige Wesen in diesem Albtraum. Sie hatte nicht selbst anrufen können, weil sie sich gleich nach ihrer Rückkehr entschlossen hatte, abzureisen. Sie hatte gerade noch Zeit gehabt, den letzten Zug nach Marseille zu bekommen: Von Marseille flöge sie nach Barcelona, wo sie um zwei Uhr nachmittags einträfe. Sie hatte ganz einfach nicht mehr die Zeit gehabt, mich zu benachrichtigen. Keinen Augenblick hatte ich geglaubt, Dirty am nächsten Tag wiederzusehen. Ich hatte nicht daran gedacht, dass sie in Marseille ein Flugzeug nehmen könnte. Ich war nicht glücklich, sondern saß wie betäubt auf meinem Bett. Ich wollte mich an Dirtys Gesicht erinnern, an den verstörten Ausdruck ihres Gesichts. Die Erinnerung an früher entschwand mir. Ich meinte, dass sie Lotte Lenya ähnlich sehe, aber auch die Erinnerung an Lotte Lenya entschwand mir. Ich erinnerte mich nur an die Lotte Lenya in *Mahagonny*: Sie trug ein schwarzes, strenggeschnittenes Kostüm, einen sehr kurzen Rock, eine breite Kreissäge und Kniestrümpfe. Sie war hochgewachsen und schlank; auch meinte ich, sie sei rothaarig gewesen. Auf jeden Fall war sie faszinierend. Aber der Gesichtsausdruck war mir entschwunden. Mit nacktem Oberkörper und barfuß saß ich in meiner weißen Hose auf dem Bett. Ich versuchte, mich an den Bordell-Song der Dreigroschenoper zu erinnern. Ich konnte die deutschen Worte nicht wiederfinden, sondern nur die französischen. Ich hatte eine – irrtümliche – Erinnerung daran, wie Lotte Lenya sie sang. Diese vage Erinnerung quälte mich. Barfuß stand ich auf und sang ganz leise:

Le navire de haut bord
Cent canons au bâbord
BOM-BAR-DE-Ra le port ...

Ich dachte: Morgen wird in Barcelona die Revolution ausbrechen ... Mochte es mir auch noch so heiß sein, ich war erstarrt ...

Ich trat ans offene Fenster. Die Straße war voller Leute. Man spürte, dass die Sonne den ganzen Tag über gebrannt hatte. Es war draußen frischer als im Zimmer. Es drängte mich, hinauszugehen. Schnell zog ich Hemd, Jacke und Schuhe an und ging hinunter auf die Straße.

2

Ich trat in eine hellerleuchtete Bar, in der ich rasch eine Tasse Kaffee hinunterstürzte: Er war zu heiß, ich verbrannte mir den Mund. Natürlich war es verkehrt, Kaffee zu trinken. Ich war auf dem Weg zu meinem Wagen, um dorthin zu fahren, wohin Michel mich bestellt hatte. Ich hupte: Michel würde selbst die Haustür aufmachen.

Michel ließ mich warten. Er ließ mich endlos warten. Ich hoffte schließlich, er möge gar nicht kommen. Ab dem Augenblick, da mein Auto vor dem vereinbarten Gebäude geparkt war, stand für mich fest, dass ich Lazare begegnen würde. Ich dachte: Michel mag mich zwar verachten, aber er weiß, dass ich mich wie er verhalten werde, dass ich die Gefühle, die Lazare mir einflößt, vergessen werde, sofern die Umstände es erfordern. Er hatte umso mehr recht, das anzunehmen, als ich im Grunde von Lazare besessen war; in meiner Blödigkeit hatte ich Lust, sie wiederzusehen; ich empfand in dem Moment ein unbändiges Verlangen, mein ganzes Leben auf einmal zu umfassen: die ganze Verstiegenheit meines Lebens.

Aber es stand schlecht. Ich würde gezwungen sein, stumm in einer Ecke zu sitzen: sicherlich in einem Raum voller Menschen, in der Lage eines Angeklagten, der vorgeladen ist, den man aber aus Mitleid vergisst. Ganz bestimmt würde ich keine Gelegenheit finden, Lazare meine Gefühle darzulegen, sie würde also annehmen, dass ich reuig wäre; dass meine Beleidigungen der Krankheit zuzuschreiben wären. Plötzlich schoss es mir durch den Kopf: Die Welt wäre für Lazare erträglicher, wenn mir ein Unheil zustieße; sie muss wohl in mir das Verbrechen wittern, das nach Sühne verlangt ... Sie wird dazu neigen, mich in eine böse Geschichte zu verwickeln; selbst wenn ihr das bewusst wäre, könnte sie sich sagen, es sei besser, ein so enttäuschendes Leben wie das meine zu opfern als das eines Arbeiters. Ich stellte mir vor, ich sei getötet worden und Dirty erführe im Hotel von meinem Tod. Ich klammerte mich ans Lenkrad des Wagens und hatte den Fuß schon auf dem Anlasser. Aber ich wagte nicht zu starten. Ganz im Gegenteil, ich hupte mehrmals und begnügte mich mit der Hoffnung, dass Michel nicht käme. An dem Punkt, an dem ich angelangt war, dürfte ich ja wohl mit allem, was das Schicksal mir bot, fertigwerden. Wider Willen dachte ich mit einer Art Bewunderung an Lazares Gelassenheit und ihre unbestreitbare Kühnheit. Ich nahm die Sache nicht mehr ernst. In meinen Augen war sie sinnlos: Lazare umgab sich mit Leuten wie Michel, die so schießen, wie andere gähnen: unfähig, ein Ziel zu treffen. Und doch besaß Lazare die Entschlossenheit und Standhaftigkeit eines Mannes an der Spitze einer Bewegung. Ich musste lachen, als ich daran dachte, dass ich hingegen immer nur den Kopf verlor. Ich erinnerte mich an das, was ich über die Terroristen gelesen hatte. Seit einigen Wochen hatte mich mein Leben solcher Sorgen, wie sie die Terroristen hatten, enthoben. Das Schlimmste wäre zweifellos, so weit zu kommen, dass ich nicht mehr nach meinen, sondern nach Lazares Leidenschaften handeln würde. Während ich im Auto auf Michel wartete, hing ich am Lenkrad – wie ein Tier in einer Falle. Die Vorstellung, dass ich Lazare *gehörte*, dass sie mich besaß, versetzte mich in Staunen ... Ich erinnerte mich: Ich war als Kind genauso schmutzig gewesen wie Lazare jetzt. Das war eine quälende Erinnerung. Vor allem erinnerte ich mich an etwas Deprimierendes: Ich war Internatsschüler in einem Gymnasium. In den Stunden, in denen Schulaufgaben gemacht wurden, langweilte ich mich, ich hockte da, fast reglos und mit offenem Mund. Eines Abends hob ich im Gaslicht meinen Pultdeckel vor mir in die Höhe. Niemand konnte mich sehen. Ich ergriff meinen Federhalter, hielt ihn wie ein Messer in der geballten Faust und versetzte mir mit der Stahlfeder kräftige Stiche in den linken Handrücken und den Unterarm. Um zu sehen ... Um zu sehen, und überdies: *Ich wollte mich abhärten gegen den Schmerz.* Ich fügte mir etliche schmutzige Wunden zu, weniger rot als schwärzlich (wegen der Tinte). Diese kleinen Wunden hatten die Form eines Halbmondes, der im Querschnitt die Form der Feder hatte.

Ich stieg aus dem Auto, und so sah ich den bestirnten Himmel über mir. Nach zwanzig Jahren wartete der Knabe, der sich mit dem Federhalter bearbeitet hatte, unter freiem Himmel in einer fremden Straße, in der er niemals gewesen war, auf irgendetwas Unmögliches. Die Sterne strahlten, eine unendliche Zahl von Sternen. Es war absurd, zum Heulen absurd, aber von einer feindseligen Absurdität. Ich sehnte die Morgenröte herbei, den Sonnenaufgang. Ich dachte, dass ich bestimmt auf der Straße sein würde, wenn die Sterne verblassen. Eigentlich fürchtete ich den Sternenhimmel weniger als das Morgengrauen. Ich musste warten, zwei Stunden lang warten ... Es fiel mir wieder ein, wie ich in Paris einmal gegen zwei Uhr nachmittags bei schönstem Sonnenschein – ich stand gerade auf dem Pont du Carroussel – einen Fleischerwagen gesehen hatte: Die kopflosen Hälse der enthäuteten Hammel hingen unter der Plane hervor, und die blau-weiß gestreiften Jacken der Metzger glänzten vor Reinlichkeit: Der Wagen fuhr langsam im hellen Sonnenschein. Als Kind liebte ich die Sonne: Ich schloss die Augen, und durch die Lider hindurch war sie rot. Die Sonne war furchtbar, sie ließ an eine Explosion denken: Gab es etwas Sonnenhafteres als rotes Blut auf dem Pflaster, als ob das Licht zerfetzte und tötete? In dieser undurchsichtigen Nacht hatte ich mich lichttrunken gemacht; so wurde Lazare in meinen Augen erneut zu einem unheilkündenden Vogel, einem schmutzigen und verächtlichen Vogel. Meine Blicke verloren sich nicht mehr in den Sternen, die wirklich über mir leuchteten, sondern im Blau des Himmels des Südens. Ich schloss die Augen, um mich in diesem strahlenden Blau zu verlieren: Wie Wirbelwinde tauchten dröhnende dicke schwarze Insekten in ihm auf. Genauso würde am nächsten Tag im hellen Mittagslicht das Flugzeug – zunächst als kaum wahrnehmbarer Punkt – auftauchen, das Dorothea trüge ...

Ich öffnete diese Augen, ich sah wieder die Sterne über mir, aber ich wurde verrückt nach Sonne und ich hatte Lust zu lachen: Am nächsten Tag würde mir das Flugzeug, zunächst so winzig und so weit weg, dass es den Glanz des Himmels um nichts trübte, wie ein summendes Insekt erscheinen, und da es im Innern seines gläsernen Käfigs mit den maßlosen Träumen Dirtys befrachtet sein würde, gliche es in den Lüften für meinen kleinen Menschenkopf auf Erden – in dem Augenblick, da der Schmerz tiefer als gewöhnlich in ihn führe – dem, was eine unmögliche, eine liebenswerte ›Latrinenfliege‹ ist. Ich hatte gelacht und es war nicht mehr allein das traurige Kind der Federhalterhiebe, das in jener Nacht an den Mauern entlangstrich: *In derselben Weise* hatte ich gelacht, als ich klein war und ich mir ganz sicher war, dass *ich*, da ich von einer glücklichen Unverfrorenheit getragen war, eines Tages alles umstürzen sollte, aus schierer Notwendigkeit alles umstürzen.

3

Ich begriff nicht mehr, wie ich vor Lazare hatte Angst haben können. Wenn Michel jetzt nicht gleich käme, würde ich wegfahren. Ich war sicher, dass er nicht kommen würde: Ich wartete aus übertriebener Gewissenhaftigkeit. Ich war schon im Begriff abzufahren, als sich die Haustür öffnete. Michel kam auf mich zu. Er sah buchstäblich aus, als käme er aus dem Jenseits. Er erweckte den Eindruck, sich die Kehle aus dem Hals geschrien zu haben ... Ich sagte ihm, dass ich gerade wegfahren wollte. Er antwortete, die Diskussion »da oben« sei so verworren und laut, dass niemand sein eigenes Wort verstehe.

Ich fragte ihn:

»Ist Lazare oben?«

»Selbstverständlich. Sie ist ja die treibende Kraft von alldem. Es ist nutzlos, dass du raufkommst. Ich bin erledigt ... Lass uns etwas trinken gehen ...«

»Wollen wir lieber über etwas anderes reden?«

»Nein. Ich glaube, das kann ich nicht. Ich werde dir alles sagen …«

»Ganz recht. Sprich dich nur aus.«

Ich hatte keine große Lust, irgendetwas zu erfahren: In diesem Augenblick fand ich Michel und vor allem das, was sich »da oben« zusammenbraute, lächerlich.

»Es geht um einen Überfall mit etwa fünfzig Typen, echte ›Pistoleros‹, verstehst du … Das ist blutiger Ernst. Lazare will das Gefängnis stürmen.«

»Wann denn? Wenn's nicht gerade morgen ist, komme ich mit. Ich kann Waffen beschaffen. Ich kann vier Männer im Wagen mitnehmen.«

Michel schrie:

»Das ist ja lachhaft.«

»Haha!«

Ich brach in Lachen aus.

»Das Gefängnis zu stürmen, das ist absurd.«

Michel hatte das sehr laut gesagt. Wir waren in eine belebte Straße gekommen. Ich konnte nicht anders, als ihn zu ermahnen:

»Schrei nicht so laut …«

Ich hatte ihn aus der Fassung gebracht. Er blieb stehen und blickte um sich. Er bekam einen verängstigten Ausdruck. Michel war nur ein Kind, ein Luftikus.

Lachend sagte ich zu ihm:

»Ist gar nicht so schlimm, du hast ja Französisch gesprochen …«

Ebenso rasch beruhigt, wie er ängstlich geworden war, lachte er nun ebenfalls. Aber fortan schrie er nicht mehr; er gab sogar den verächtlichen Ton auf, in dem er sonst mit mir redete. Wir waren an ein Café gekommen und nahmen an einem der hinteren Tische Platz.

Er erklärte:

»Du wirst verstehen, warum es unnötig ist, das Gefängnis zu stürmen. Dabei kommt nicht viel heraus. Wenn Lazare das Gefängnis überfallen will, dann nicht, weil das etwas bringt, sondern weil das ihren Ideen entspricht. Lazare verabscheut alles, was nach Krieg aussieht, aber da sie verrückt ist, tritt sie trotz allem für den gewaltsamen Widerstand ein und will einen Überfall auf das Gefängnis wagen. Ich dagegen habe vorgeschlagen, ein Waffenlager zu stürmen, aber sie will davon nichts wissen, weil das ihrer Ansicht nach ein Rückfall in die alte Verwechslung von Krieg und Revolution wäre! Du kennst die Leute hier nicht. Die Leute hier sind prächtig, aber sie sind vernagelt: Sie hören auf Lazare!«

»Du hast mir nicht gesagt, warum man das Gefängnis nicht stürmen soll.«

Im Grunde war ich von der Vorstellung eines erstürmten Gefängnisses fasziniert, und ich fand es ganz richtig, dass die Arbeiter auf Lazare hörten. Mit einem Schlag war das Grauen dahin, das mir Lazare einflößte. Ich dachte: Sie ist zwar makaber, aber sie ist die Einzige, die begreift: Auch die spanischen Arbeiter begreifen die Revolution ...

Michel fuhr, mehr für sich selbst, in seinen Erklärungen fort:

»Es ist doch ganz klar: Das Gefängnis hilft nicht weiter. Zunächst einmal muss man sich Waffen beschaffen. Die Arbeiter müssen bewaffnet werden. Welchen Sinn hat die Separatistenbewegung, wenn sie den Arbeitern keine Waffen in die Hand gibt? Man sieht es doch schon daran, dass die Anführer der Katalanen drauf und dran sind, das Ganze den Bach runtergehen zu lassen, weil sie vor dem Gedanken zittern, den Arbeitern Waffen zu geben ... Das ist sonnenklar. Erst muss man ein Waffenlager stürmen.«

Mir kam etwas anderes in den Sinn: nämlich dass sie alle nicht mehr sauber tickten.

Ich begann wieder, an Dirty zu denken: Ich für mein Teil war todmüde und die Angst packte mich wieder.

Ich fragte Michel beiläufig:

»Aber welches Waffenlager?«

Er schien gar nicht hingehört zu haben.

Ich wurde eindringlich: Er wusste nichts dazu zu sagen, die Frage liege nahe, sie sei sogar dringlich, aber er sei ja nicht von hier.

»Weiß denn Lazare mehr?«

»Ja. Sie hat einen Grundriss von dem Gefängnis.«

»Wollen wir nicht doch von etwas anderem reden?«

Michel sagte, er müsse gleich gehen.

Er schwieg eine Weile. Dann begann er wieder:

»Ich glaube, es wird schiefgehen. Der Generalstreik ist für morgen früh vorgesehen, aber jeder wird für sich handeln, und alle werden sich von der Polizei abmurksen lassen. Langsam glaube ich auch, dass Lazare recht hat.«

»Warum?«

»Ja. Die Arbeiter werden sich nie zusammenschließen und sie werden sich besiegen lassen.«

»Ist denn der Überfall auf das Gefängnis unmöglich?«

»Wie soll ich das wissen? Ich versteh nichts vom Militär ...«

Ich war überreizt. Es war zwei Uhr morgens. Ich schlug Michel eine Bar auf der Rambla als Treffpunkt vor. Er würde kommen, sobald die Dinge etwas klarer wären; er werde gegen fünf Uhr dort sein, sagte er. Ich war nahe daran, ihm zu sagen, dass es falsch sei, sich dem Angriff auf das Gefängnis zu widersetzen, aber ich hatte es satt. Ich begleitete Michel bis an die Tür, vor der ich auf ihn gewartet und den Wagen abgestellt hatte. Wir hatten uns nichts mehr zu sagen. Jedenfalls war ich froh, Lazare nicht begegnet zu sein.

4

Ich fuhr geradewegs zur Rambla. Ich parkte den Wagen. Ich betrat den *Barrio chino*. Ich war nicht auf der Suche nach Mädchen, aber der *Barrio chino* war die einzige Möglichkeit, nachts drei Stunden totzuschlagen. Um diese Zeit konnte ich Andalusier singen hören, Cante-Rondo-Sänger. Ich war außer mir, überreizt, die Überreiztheit des Cante Rondo war das Einzige, was sich mit meinem Fieber vertragen würde. Ich trat in eine elende Kneipe ein: Gerade als ich hineinkam, stellte sich eine fast unförmige Frau, eine Blonde mit einem Bulldoggengesicht, auf einem kleinen Podium zur Schau. Sie war fast nackt: Durch ein buntes um die Taille gebundenes Tuch waren ihre tiefschwarzen Schamhaare zu erahnen. Sie sang und vollführte einen Bauchtanz. Ich hatte mich kaum gesetzt, als eine andere, nicht minder hässliche Frau an meinen Tisch kam. Ich musste ein Glas mit ihr trinken. Es waren viele Leute da, ungefähr dieselbe Sorte wie in der Criolla, nur heruntergekommener. Ich tat, als spräche ich kein Spanisch. Nur eine einzige Frau war hübsch und jung. Sie betrachtete mich. Ihre Neugier glich einer jähen Leidenschaft. Sie war von Ungeheuern umgeben, deren Matronenköpfe und -brüste in schmutzige Schals gehüllt waren. Ein junger Bursche, fast noch ein Kind, in einem Matrosenanzug und mit dauergewellten Haaren und geschminkten Wangen näherte sich dem Mädchen, das mich anblickte. Er sah wild aus: Er machte eine obszöne Geste, lachte schallend und setzte sich dann etwas weiter hinten hin. Eine gebeugte, ganz alte Frau in einem bäurischen Kopftuch kam mit einem Korb herein. Ein Sänger betrat mit einem Gitarristen das Podium; nach einigen Takten auf der Gitarre begann er zu singen ... mit geradezu erloschener Stimme. Ich hatte in diesem Augenblick befürchtet, dass er wie die anderen singen und mich mit seinen Schreien zerreißen würde. Der Saal war groß: In einer Ecke saßen die Mädchen in einer Reihe und warteten darauf, mit den Kunden tanzen zu können: Gleich nach der Gesangseinlage würden sie mit den Kunden tanzen. Diese Mädchen waren leidlich jung, aber hässlich, in schäbige Kleider gehüllt. Sie waren mager und schlecht ernährt: Die einen dämmerten vor sich hin, andere lächelten albern, wieder andere schlugen mit den Absätzen den Takt gegen das Podium. Sie stießen dabei ein tonloses *olé* aus. Eines von ihnen in einem blassblauen halbverschlissenen Kleid und mit flachsgelben Haaren hatte ein mageres und aschfahles Gesicht: Offenbar würde es in wenigen Monaten sterben. Ich hatte das Bedürfnis, mich nicht mehr mit mir zu beschäftigen, wenigstens im Moment nicht, ich hatte das Bedürfnis, mich mit den anderen zu beschäftigen und mich davon zu überzeugen, dass jeder in seinem eigenen Schädel noch Leben hatte. Etwa eine Stunde lang beobachtete ich meinesgleichen im Saal, ohne mit irgendwem zu sprechen. Dann ging ich in ein anderes Lokal, wo wenigstens Stimmung herrschte: Ein noch sehr junger Arbeiter im Blaumann tanzte mit einer Frau im Abendkleid. Unter dem Abendkleid schimmerten die schmutzigen Spitzen des Unterhemdes durch, doch sie war begehrenswert. Weitere Paare drehten sich im Tanz: Bald schon entschied ich mich, wieder zu gehen. Länger hätte ich was auch immer für eine Erregtheit nicht ertragen können.

Ich kehrte auf die Rambla zurück, ich kaufte mir Illustrierte und Zigaretten: Es war kaum vier Uhr. Auf der Terrasse eines Cafés blätterte ich ohne die geringste Aufmerksamkeit in den Zeitschriften. Ich bemühte mich, an nichts zu denken. Es gelang mir nicht. Ein sinnloses Elend stieg in mir hoch. Ich hätte mich gerne an das erinnern wollen, was Dirty wirklich war. Was mir undeutlich ins Gedächtnis kam, war etwas Unmögliches, Schreckliches und zumal Befremdendes in mir. Kurz darauf stellte ich mir unbedarft vor, ich ginge mit ihr in ein Restaurant am Hafen. Wir würden all die scharfen Sachen essen, die ich so liebte, dann würden wir ins Hotel gehen: Sie würde schlafen und ich neben dem Bett sitzen bleiben. Ich war so müde, dass ich gleichzeitig dachte, neben ihr in einem Sessel oder sogar ausgestreckt auf dem Bett wie sie zu schlafen: Sobald sie erst einmal hier wäre, würden wir beide in den Schlaf sinken; es wäre natürlich ein unruhiger Schlaf. Es herrschte ja auch Generalstreik: ein großes Zimmer mit einer Kerze und nichts zu tun, verödete Straßen, Ausschreitungen. Michel würde nun bald kommen, und ich müsste ihn so schnell wie möglich loswerden.

Am liebsten hätte ich gar nichts mehr hören wollen. Ich wollte schlafen. Man hätte mir jetzt etwas äußerst Dringendes sagen können, es wäre an meinen Ohren vorbeigerauscht. Ich musste jetzt schlafen, so wie ich war, irgendwo. Mehrmals schlief ich auf meinem Stuhl ein. Was sollte ich tun, wenn Xenia ankäme? Kurz nach sechs kam Michel und sagte mir, dass Lazare ihn auf der Rambla erwarte. Er konnte sich nicht einmal setzen. Sie waren zu keinem Entschluss gekommen: Er war ebenso fahrig wie ich. Wie ich hatte auch er keine Lust mehr zu reden, er war schläfrig, erschlagen.

Da sagte ich ihm:

»Ich geh mit dir.«

Der Morgen graute: Der Himmel war bleich, die

Sterne waren erloschen. Leute kamen und gingen, aber die Rambla hatte etwas Unwirkliches: Ein betörender Vogelgesang wie aus einer Kehle klang aus allen Platanen: Niemals hatte ich etwas derart Unverhofftes gehört. Ich bemerkte Lazare, die unter den Bäumen einherging. Sie wandte uns den Rücken zu.

»Willst du ihr nicht Guten Tag sagen?«, fragte mich Michel.

In diesem Augenblick drehte sie sich um und kam auf uns zu, immer noch schwarz gekleidet. Eine Sekunde lang fragte ich mich, ob sie nicht das menschlichste aller Wesen sei, dem ich je begegnet bin; zugleich war sie eine widerliche Ratte, die sich mir näherte. Fliehen durfte man nicht, und das war leicht. Tatsächlich war ich abwesend, ich war vollkommen abwesend.

Zu Michel sagte ich bloß:

»Ihr könnt alle beide abhauen.«

Michel schien mich nicht zu verstehen. Ich drückte ihm die Hand und fügte noch hinzu, ich wisse ja, wo sie beide wohnten:

»Dritte Straße rechts. Ruf mich morgen Abend an, wenn du kannst.«

Es war, als hätten Lazare und Michel zur gleichen Zeit auch den letzten Schimmer ihres Daseins verloren. Eine eigentliche Wirklichkeit hatte ich nicht mehr.

Lazare sah mich an. Sie war so natürlich wie möglich. Ich sah sie an und gab Michel ein Zeichen.

Sie gingen.

Ich begab mich in mein Hotel. Es war ungefähr halb sieben. Ich schloss die Fensterläden nicht. Alsbald schlief ich ein, doch es war ein unruhiger Schlaf. Ich hatte die Empfindung, dass es Tag sei. Ich träumte, dass ich in Russland wäre: Als Tourist besichtigte ich irgendeine der Hauptstädte, höchstwahrscheinlich Leningrad. Ich ging in einem Riesenbau aus Eisen und Glas umher, der der alten *Galerie des Machines* ähnelte. Es tagte eben erst und die verstaubten Scheiben ließen ein trübes Licht herein. Der leere Raum war größer und feierlicher als der einer Kathedrale. Der Boden war aus Lehm. Ich war deprimiert, vollkommen allein. Durch eine Nebentür gelangte ich in eine Reihe kleiner Säle, in denen die Erinnerungen an die Revolution aufbewahrt wurden; diese Säle stellten kein eigentliches Museum dar, doch hatten hier die entscheidenden Episoden der Revolution stattgefunden. Die Säle waren ursprünglich für das adelige und von Feierlichkeit geprägte Leben des Zarenhofes bestimmt gewesen. Während des Krieges hatten Mitglieder der Zarenfamilie einen französischen Maler mit der Aufgabe betraut, auf den Wänden eine ›Biografie‹ Frankreichs darzustellen: Der Maler hatte in dem strengen und pompösen Stil Lebruns Szenen aus dem Leben Ludwigs XIV. wiedergegeben; hoch oben an einer der Wände erhob sich Frankreich, reich drapiert, mit einer gewaltigen Fackel in der Hand. Es schien aus einer Wolke oder aus einem Trümmerhaufen hervorzukommen und war schon fast verblasst, denn die stellenweise nur flüchtig skizzierte Arbeit des Malers war durch den Aufstand unterbrochen worden: So glichen diese Wände einer mitten im Leben vom Ascheregen überraschten pompeischen Mumie, die allerdings *toter* war als jede andere. Nur das Stampfen und die Schreie der Aufrührer waren in diesem Saal geblieben, wo das Atmen so beschwerlich war, dass es – derart spürbar war die niederschmetternde Plötzlichkeit der Revolution – einem Zucken oder Japsen nahekam.

Der nächste Saal war noch beklemmender. Auf seinen Wänden war keine Spur mehr vom Ancien Régime. Der Fußboden war schmutzig, die Wände roh verputzt, aber vom Durchzug der Revolution zeugten zahlreiche Kohleinschriften von Matrosen oder Arbeitern, die in dem Saal gegessen und geschlafen hatten und in ihrer groben Sprache und in noch gröberen Bildern von dem Ereignis berichten wollten, das die Weltordnung umgestürzt hatte und dem sie mit ihren müden Augen gefolgt waren. Niemals hatte ich etwas Harscheres gesehen, aber auch noch nie etwas Menschlicheres. Versunken in die Betrachtung der groben und ungeschickten Schriftzüge blieb ich stehen: Tränen traten mir in die Augen. Die revolutionäre Leidenschaft stieg mir allmählich zu Kopf, sie drückte sich bald durch das Wort ›Wetterleuchten‹, bald durch das Wort ›Terror‹ aus. Der Name Lenin kehrte in diesen schwarzen Inschriften, die jedoch Blutspuren ähnlich waren, oft wieder: Seltsamerweise war dieser Name in die weibliche Form *Lenova* abgeändert worden.

Ich verließ diesen kleinen Saal. Ich trat in das große verglaste Schiff, wohl wissend, dass es von einem Augenblick zum andern explodieren würde: Die sowjetischen Behörden hatten beschlossen, es abzureißen. Ich konnte die Tür nicht finden und bangte um mein Leben, ich war allein. Nach einigen Minuten der Angst sah ich eine zugängliche Öffnung, eine Art mitten in das Glaswerk eingelassenes Fenster. Ich schwang mich hinauf, doch es gelang mir erst nach großer Anstrengung, mich ins Freie gleiten zu lassen. Ich war in einer trostlosen Landschaft mit Fabriken, Eisenbahnbrücken und unbebautem Gelände. Ich wartete auf die Explosion, die das verunstaltete Riesengebäude, aus dem ich kam, mit einem Schlag von vorn bis hinten hochheben würde. Ich entfernte mich. Ich ging in Richtung einer Brücke. In diesem Augenblick verfolgte mich ein Polizist und eine Schar zerlumpter Kinder: Der Polizist hatte anscheinend den Auftrag, die Leute vom Explosionsort fernzuhalten. Ich rannte fort und rief den Kindern die Richtung zu, in die sie laufen sollten. Zusammen kamen wir unter einer Brücke an. In dem Augenblick sagte ich zu den Kindern auf Russisch: »*Zdies, mojno …*«, »Hier können wir bleiben«. Die Kinder antworteten nicht, sie waren aufgeregt. Wir blickten gemeinsam zu dem Gebäude hin: Man konnte sehen, dass es explodierte (aber wir hörten kein Geräusch: Die Explosion setzte einen dunklen Rauch frei, der nicht spiralförmig davonzog, sondern kerzengerade zu den Wolken aufstieg, wie bürstenartig geschnittene Haare, ohne das geringste Aufleuchten, alles war hoffnungslos düster und staubig ...). Ein erstickender Tumult, ruhmlos, ohne Größe, verlor sich in der einbrechenden Winternacht. Diese Nacht war nicht einmal eisig und es fiel kein Schnee.

Ich wachte auf.

Ich lag auf meinem Bett, stumpfsinnig, als ob mich dieser Traum ausgepumpt hätte. Ich sah undeutlich die Decke und durch das Fenster hindurch ein Stück leuchtenden Himmel. Ich kam mir vor wie auf der Flucht, als hätte ich die Nacht in einem vollgestopften Zugabteil verbracht.

Allmählich wurde mir wieder bewusst, was vor sich ging. Ich sprang aus dem Bett. Ohne mich zu waschen, kleidete ich mich an und lief auf die Straße hinunter. Es war acht Uhr.

Ein wundervoller Tag brach an. Ich empfand die Morgenfrische bei herrlichem Sonnenschein. Aber ich hatte einen üblen Geschmack im Mund, ich war am Ende.

Ich machte mir um die Antwort keine Sorgen, fragte mich aber doch, warum mich diese Sonnenflut, diese Flut aus Luft und Leben, auf die Rambla geworfen hatte. Allem war ich fremd, ich war endgültig erledigt. Ich dachte an die Blutblasen, die sich über dem Loch an der Kehle bilden, wenn ein Fleischer ein Schwein absticht. Ich hatte das unmittelbare Bedürfnis, etwas zu schlucken, was meiner physischen Erschöpfung abhelfen könnte, mich dann zu rasieren, zu waschen, zu kämmen, schließlich hinunterzugehen, kühlen Wein zu trinken und durch die sonnigen Straßen zu schlendern. Ich goss ein Glas Milchkaffee hinunter. Ich hatte nicht den Mut, ins Hotel zurückzugehen. Ich ließ mich von einem Friseur rasieren. Wiederum gab ich vor, kein Spanisch zu können. Ich verständigte mich durch Zeichen. Als ich beim Friseur fertig war, kehrte die Lebensfreude zurück. Ich ging ins Hotel, um mir so schnell wie möglich die Zähne zu putzen. Ich wollte nach Badalona zum Baden gehen. Ich fuhr mit dem Auto: Gegen neun Uhr kam ich in Badalona an. Der Strand lag verlassen da. Ich zog mich im Wagen aus, und ich legte mich nicht in den Sand: Ich rannte ins Meer. Ich hörte auf zu schwimmen und betrachtete den blauen Himmel. In nordöstlicher Richtung: wo das Flugzeug Dorotheas auftauchen würde. Wenn ich stand, reichte mir das Wasser bis zur Brust. Ich sah meine gelblichen Beine im Wasser, die beiden Füße im Sand, den Rumpf, die Arme und den Kopf über dem Wasser.

Ich hatte die ironische Begierde, mich zu sehen, zu sehen, was diese fast nackte Person auf der Erd- oder Meeresoberfläche war, die darauf wartete, dass in einigen Stunden das Flugzeug am Horizont sichtbar würde. Ich begann von neuem zu schwimmen.

Der Himmel war unendlich weit, er war rein, und ich hätte ins Wasser lachen wollen.

5

Auf dem Bauch im Sand ausgestreckt fragte ich mich schließlich, was ich mit Xenia, die als Erste eintreffen würde, anfangen sollte. Ich dachte: Ich muss mich schleunigst anziehen und sofort zum Bahnhof fahren, um sie abzuholen. Seit gestern hatte ich das unlösbare Problem nicht vergessen, das sich mit Xenias Ankunft stellte, aber jedes Mal, wenn ich daran dachte, schob ich die Lösung für später auf. Ich würde vielleicht keinen Entschluss fassen können, bevor ich sie nicht gesehen hätte. Ich wollte sie nicht mehr grob behandeln. Manchmal hatte ich mich ihr gegenüber wie ein Rohling benommen. Ich bedauerte das zwar nicht, aber die Vorstellung, noch weiter zu gehen, war mir unerträglich. Seit einem Monat war ich aus dem Ärgsten heraus. Ich hätte meinen können, dass seit gestern Abend der Albtraum von neuem begonnen hatte, doch schien mir, dass dem nicht so war, dass es etwas anderes war, ja sogar, dass ich leben würde. Jetzt lächelte ich bei dem Gedanken an Leichen, bei dem Gedanken an Lazare … an all das, was mich so gepeinigt hatte. Ich badete noch einmal, und auf dem Rücken liegend musste ich die Augen schließen: Sekundenlang hatte ich die Empfindung, als verschmelze Dirtys Körper mit dem Licht, vor allem mit der Hitze: Ich wurde steif wie ein Stock. Ich hatte Lust zu singen. Aber nichts schien mir verlässlich. Ich fühlte mich so schwach wie ein Neugeborenenschrei, als sei mein Leben, da es nun nicht mehr unglücklich war, ein in den Windeln steckendes unbedeutendes Etwas.

Das Einzige, was ich mit Xenia tun konnte, war, sie am Bahnhof abzuholen und ins Hotel zu bringen. Aber mit ihr zu Mittag essen konnte ich nicht. Ich wusste nicht, wie ich ihr das erklären sollte. Ich dachte daran, Michel anzurufen und ihn zu bitten, mit ihr essen zu gehen. Ich erinnerte mich, dass die beiden sich zuweilen in Paris verabredet hatten. So verrückt das auch sein mochte, es war die einzige Lösung. Ich zog mich wieder an. Ich telefonierte von Badalona aus. Ich bezweifelte, dass Michel einverstanden sein würde. Aber ich bekam ihn an den Apparat und er erklärte sich bereit. Er sprach mit mir. Er war völlig entmutigt. Er sprach mit der Stimme eines Menschen, der vollkommen matt war. Ich fragte ihn, ob er mir böse sei, dass ich so schroff gewesen war. Er nahm es mir nicht übel. Als ich ihn verlassen hatte, war er so müde gewesen, dass er an nichts mehr hatte denken können. Lazare sprach mit ihm von nichts mehr. Sie erkundigte sich sogar nach mir. Ich fand Michels Haltung inkonsequent: Hätte ein echter Revolutionär an so einem Tag mit einer reichen Frau in einem eleganten Hotel zu Mittag essen dürfen? Ich wollte mir logisch klarmachen, was sich gegen Ende der Nacht ereignet haben musste: Ich dachte mir, dass Lazare und Michel zur gleichen Zeit von ihren eigenen Freunden kaltgestellt worden waren, der eine als den Katalanen fremder Franzose, die andere als den Arbeitern fernstehende Intellektuelle. Ich erfuhr später, dass die Zuneigung der Arbeiter zu Lazare und ihre Achtung vor ihr sie zu einer Einigung mit einem der Katalanen gebracht hatte, der vorschlug, Lazare als Ausländerin, die nichts von den Bedingungen des Arbeiterkampfes in Barcelona wusste, auszuschließen. Gleichzeitig mussten sie Michel ausschließen. Am Ende blieben die katalanischen Anarchisten, die zu Lazare in Beziehung standen, unter sich, aber ohne Ergebnis: Sie verzichteten auf jedes gemeinsame Unternehmen und beschränkten sich anderntags darauf, einzeln von den Dächern herabzuschießen. Ich für mein Teil wollte nur eins: dass Michel mit Xenia zu Mittag äße. Ich hoffte überdies, sie würden sich so gut verstehen, dass sie die Nacht zusammen verbrächten, fürs Erste aber genügte es, wenn Michel vor ein Uhr in der Hotelhalle wäre, wie wir es am Telefon verabredet hatten.

Im Nachhinein erinnerte ich mich: Xenia gab bei jeder passenden Gelegenheit ihre kommunistischen Ansichten zum Besten. Ich würde ihr also sagen, ich hätte sie herkommen lassen, damit sie den Aufständen in Barcelona beiwohnen könne: Sie würde außer sich geraten bei dem Gedanken, dass ich sie für würdig hielt, daran teilzunehmen. Sie könnte mit Michel reden. So wenig überzeugend die Lösung auch sein mochte, ich war mit ihr zufrieden, ich dachte nicht weiter darüber nach.

Die Zeit verstrich wie im Flug. Ich fuhr nach Barcelona zurück: Die Stadt bot bereits einen ungewohnten Anblick, die Caféterrassen waren geräumt, die eisernen Vorhänge der Geschäfte zur Hälfte heruntergelassen. Ich hörte einen Schuss fallen: Ein Streikender hatte auf die Scheiben einer Straßenbahn geschossen. Es herrschte eine bizarre, bald knisternde, bald dumpfe Erregung. Der Straßenverkehr lag nahezu still. An allen Ecken und Enden tauchten bewaffnete Einheiten auf. Ich begriff, dass mein Wagen Steinwürfen und Geschossen ausgesetzt war. Es wurmte mich, dass ich nicht zu den Streikenden gehörte, aber ich dachte kaum noch darüber nach. Der Anblick der plötzlich vom Aufruhr befallenen Stadt war beängstigend.

Ich kehrte gar nicht erst ins Hotel zurück. Ich fuhr direkt zum Bahnhof. Noch war keine Fahrplanänderung vorgesehen. Ich bemerkte das Tor eines Parkplatzes: Es stand halb offen, dort stellte ich das Auto ab. Es war erst halb zwölf. Ich hatte bis zur Ankunft des Zuges noch mehr als eine halbe Stunde totzuschlagen. Ich fand ein Café, das geöffnet war: Ich bestellte eine Karaffe Weißwein, aber das Trinken machte mir keinen Spaß. Ich dachte an den Revolutionstraum, den ich letzte Nacht gehabt hatte: Ich war, wenn ich schlief, klüger – oder menschlicher. Ich nahm eine katalanische Zeitung zur Hand, aber ich konnte nur wenig Katalanisch. Die Atmosphäre des Cafés war angenehm und enttäuschend. Wenig Gäste: Zwei oder drei lasen gleichfalls Zeitung. Trotzdem war ich in dem Augenblick, als ich einen Schuss fallen hörte, über den bedrohlichen Anblick der Hauptstraßen bestürzt. Ich begriff, dass ich in Barcelona ein Außenstehender war, während ich in Paris mittendrin war. In Paris sprach ich mit allen, denen ich bei einem Aufstand nahe war.

Der Zug hatte Verspätung. Es blieb mir nichts weiter übrig, als im Bahnhof auf und ab zu gehen: Der Bahnhof glich der »Galerie des Machines«, in der ich in meinem Traum umhergeirrt war. Xenias Ankunft beunruhigte mich nicht weiter, wenn jedoch der Zug viel Verspätung hätte, würde Michel im Hotel vielleicht die Geduld verlieren. In zwei Stunden wiederum wäre Dirty da, ich würde mit ihr sprechen, sie würde mit mir sprechen, ich würde sie in meine Arme schließen: Diese Möglichkeiten waren indessen unausdenkbar. Der Zug aus Port-Bou fuhr ein: Kurz darauf stand ich Xenia gegenüber. Sie hatte mich noch nicht bemerkt. Ich betrachtete sie; sie war mit ihren Koffern beschäftigt. Sie schien mir eher klein. Sie hatte ihren Mantel über die Schultern gehängt, aber als sie einen kleinen Koffer und ihre Tasche in die Hand nehmen wollte, fiel der Mantel zu Boden. Bei der Bewegung, die sie machte, um ihren Mantel wieder aufzuheben, bemerkte sie mich. Ich stand auf dem Bahnsteig; ich lachte über sie. Sie wurde rot, als sie mich lachen sah, brach sie gleichfalls in Lachen aus. Ich nahm den kleinen Koffer und den Mantel, die sie mir durch das Abteilfenster reichte. Mochte sie auch lachen: Sie stand vor mir wie ein Eindringling, ein mir fremdes Wesen. Ich fragte mich – und ich hatte Angst davor –, ob mir nicht das Gleiche mit Dirty widerfahren würde. Dirty selbst schien mir noch ferner zu sein: Dirty war sogar unergründlich für mich. Xenia lächelte besorgt – sie empfand ein Unbehagen, das sich verstärkte, als sie sich in meine Arme schmiegte. Ich küsste sie aufs Haar und auf die Stirn. Ich dachte, dass ich in diesem Augenblick glücklich gewesen wäre, wenn ich nicht Dirty erwartet hätte.

Ich war entschlossen, ihr zunächst nicht zu sagen, dass sich die Dinge zwischen uns anders abspielen würden, als sie meinte. Sie sah meine Besorgnis. Sie war rührend: Sie sagte nichts, sah mich einfach an, sie hatte den Blick eines Menschen, der in seiner Unwissenheit von Neugier verzehrt wird. Ich fragte sie, ob sie von den Ereignissen in Barcelona gehört habe. Sie hätte in den französischen Zeitungen etwas gelesen, aber sie habe nur eine ganz vage Vorstellung davon.

Ich sagte leise zu ihr:

»Sie haben heute früh den Generalstreik ausgerufen, und es ist anzunehmen, dass morgen irgendetwas passiert ... Du kommst genau zu den Unruhen.«

Sie fragte mich:

»Du bist doch nicht böse?«

Ich sah sie – glaube ich – gedankenverloren an. Sie zwitscherte wie ein Vogel; sie fragte noch:

»Wird es eine kommunistische Revolution geben?«

»Wir werden mit Michel T. zu Mittag essen. Wenn du willst, kannst du dich mit ihm über den Kommunismus unterhalten.«

»Ich wollte, es gäbe eine wirkliche Revolution ... Wir werden mit Michel T. zu Mittag essen? Ich bin müde, weißt du.«

»Erst essen wir mal ... Schlafen kannst du nachher. Jetzt warte hier einen Augenblick: Die Taxis streiken. Ich werde mit einem Wagen zurückkommen.«

Ich ließ sie stehen.

Es war eine komplizierte – eine abwegige Geschichte. Nur widerstrebend spielte ich die Rolle, die ich mit ihr zu spielen verurteilt war. Abermals war ich gezwungen, mich ihr gegenüber so zu verhalten wie in meinem Krankenzimmer. Ich war mir darüber klar, dass ich meinem Leben entfliehen wollte, als ich nach Spanien ging, aber ich hatte es vergebens versucht. Das, wovor ich floh, hatte mich verfolgt, mich eingeholt und verlangte von mir von neuem, dass ich mich als Verirrter aufführte. Ich wollte mich um keinen Preis mehr so aufführen. Dennoch, wenn Dirty erst hier sein würde, konnte sich alles nur zum Schlimmsten wenden. Im Sonnenschein eilte ich zu dem Parkplatz. Es war heiß. Ich wischte mir das Gesicht ab. Ich beneidete die Leute, die einen Gott haben, an den sie sich halten können, wohingegen ich … bald nichts mehr haben würde als ›Augen, um zu weinen‹. Jemand starrte mich an. Ich hielt den Kopf gesenkt. Ich hob den Kopf: Es war ein etwa dreißigjähriger Habenichts, auf dem Kopf hatte er ein unter dem Kinn zusammengeknotetes Taschentuch und trug eine breite gelbe Motorradbrille. Aus großen Augen starrte er mich lange an. Er machte in der Sonne einen unverfrorenen, einen sonnenhaften Eindruck. Ich dachte: ›Vielleicht ist es Michel, der sich verkleidet hat!‹ Das war von kindlicher Blödigkeit. Dieser absonderliche Vagabund war mir noch nie begegnet.

Ich überholte ihn und blickte mich nach ihm um. Er musterte mich völlig unbefangen. Ich versuchte, mir sein Leben vorzustellen. Dieses Leben war nicht zu leugnen. Ich konnte selbst ein Habenichts werden. *Er* jedenfalls war es, er war es *in echt* und er war nichts anderes: Er hatte dieses Los gezogen. Das Los, das *ich* gezogen hatte, war heiterer. Auf dem Rückweg vom Parkplatz fuhr ich dieselbe Strecke. Er war noch immer da. Wieder starrte er mich an. Ich fuhr langsam vorbei. Es fiel mir schwer, mich von ihm zu trennen. Wie gern hätte ich auch so abstoßend ausgesehen, so sonnenhaft wie er, anstatt einem Kind zu gleichen, das niemals weiß, was es will. Dann dachte ich, dass ich mit Xenia hätte glücklich werden können.

Sie stand mit ihren Koffern am Bahnhofseingang. Sie sah meinen Wagen nicht kommen: Der Himmel war leuchtend blau, aber alles stand unter dem Zeichen des drohenden Gewitters. Zwischen ihren Koffern, mit gesenktem Kopf und zersausten Haaren, erweckte Xenia das Gefühl, als fehle ihr der Boden unter den Füßen. Ich dachte: Im Laufe des Tages werde ich dran sein, am Ende wird mir der Boden unter den Füßen fehlen, wie er ihr jetzt fehlt. Als ich vor ihr hielt, betrachtete ich sie ohne Lächeln, mit dem Ausdruck der Verzweiflung. Als sie meiner ansichtig wurde, schreckte sie auf: In diesem Augenblick verriet ihr Gesicht ihr ganzes Elend. Während sie auf das Auto zuging, fasste sie sich wieder. Ich griff nach ihrem Gepäck: Es war auch ein Stoß Zeitungen dabei, darunter Illustrierte und ›L'Humanité‹. Xenia war im Schlafwagen nach Barcelona gekommen, aber sie las ›L'Humanité‹ !

Alles ging ganz schnell: Ohne viel miteinander geredet zu haben, kamen wir zum Hotel. Xenia hatte die Straßen der Stadt betrachtet, die sie zum ersten Mal sah. Sie hatte gesagt, Barcelona scheine ihr auf den ersten Blick eine hübsche Stadt zu sein. Ich hatte ihr die Streikenden und vor einem Gebäude versammelte Sturmtrupps gezeigt.

Darauf hatte sie gesagt: »Aber das ist ja grässlich.«

Michel saß in der Hotelhalle. Ungeschickt wie immer stürzte er herbei. Er hatte sichtliches Interesse an Xenia. Als er sie sah, kam Leben in seine Züge. Sie hörte kaum auf das, was er sagte, und ging in das Zimmer hinauf, das ich für sie bestellt hatte.

Ich erklärte Michel:

»Ich muss jetzt gehen ... Kannst du Xenia sagen, dass ich Barcelona bis heute Abend mit dem Auto verlasse, ohne ihr jedoch eine genaue Zeit anzugeben?«

Michel sagte mir, ich sähe schlecht aus. Er selbst machte einen verdrießlichen Eindruck. Ich hinterließ Xenia ein paar Zeilen: Ich sei bestürzt über das, was mir passiert sei, schrieb ich ihr, ich hätte ihr großes Unrecht zugefügt, ich hätte mich ihr gegenüber anders verhalten wollen, aber das sei seit gestern Abend unmöglich geworden: Wie hätte ich voraussehen können, was mir passieren würde?

Michel gegenüber betonte ich: Ich hätte keinen persönlichen Grund, mich um Xenia zu kümmern, doch sei sie sehr unglücklich; bei dem Gedanken, sie allein zu lassen, würde ich mich schuldig fühlen.

Bei dem Gedanken, man hätte mein Auto beschädigen können, stürzte ich eilends davon. Niemand hatte es angerührt. Eine Viertelstunde später war ich am Flughafen. Ich war eine Stunde zu früh.

6

Ich war wie ein Hund, der an seiner Leine zerrt. Ich sah nichts. Eingeschlossen in die Zeit, in den Augenblick, in das Pochen des Blutes litt ich wie jemand, der versucht, sich von den Fesseln zu befreien, die man ihm angelegt hat, um ihn hinzurichten. Ich erwartete kein Glück mehr, über das, was ich erwartete, konnte ich nichts mehr wissen, Dorotheas Dasein war zu gewaltig. Wenige Augenblicke vor der Ankunft des Flugzeugs wurde ich ruhig, da ich alle Hoffnung fahren gelassen hatte. Ich erwartete Dirty, ich erwartete Dorothea, wie man den Tod erwartet. Plötzlich weiß der Sterbende: Es ist alles vorbei. Und dennoch ist das, was ein wenig später eintreten wird, das einzig Wichtige auf dieser Welt! Ich war ruhig geworden, doch plötzlich traf das niedrigfliegende Flugzeug ein. Ich eilte los: Ich sah Dorothea nicht gleich. Sie befand sich hinter einem hochgewachsenen Greis. Im ersten Augenblick war ich nicht sicher, dass sie es war. Ich ging auf sie zu: Sie hatte das magere Gesicht einer Kranken. Sie war völlig ermattet, man musste ihr beim Aussteigen helfen. Sie sah mich, nahm mich aber nicht wahr, während sie sich reglos und mit gesenktem Kopf stützen ließ.

Sie sagte mir:

»Einen Augenblick ...«

Ich sagte ihr:

»Ich werde dich tragen.«

Sie antwortete nicht, sie ließ es geschehen, und ich trug sie davon. Sie war zum Skelett abgemagert. Sie litt sichtlich. Schlaff lag sie in meinen Armen, ebenso gleichgültig, als wenn sie von einem Dienstmann getragen worden wäre. Ich hob sie ins Auto. Als sie saß, sah sie mich an. Sie lächelte ironisch, bitter, es war ein feindseliges Lächeln. Was hatte sie noch gemein mit jener, die ich drei Monate zuvor gekannt hatte und die trank, als könne sie niemals genug kriegen. Ihre Kleidung war gelb, schwefelfarben, wie ihr Haar. Lange Zeit war ich besessen gewesen von der Vorstellung eines sonnenhaften Skeletts mit schwefelfarbenen Knochen: Dorothea war jetzt ein Häufchen Elend, das Leben schien sie im Stich zu lassen.

Sie sagte leise zu mir:

»Wir wollen uns beeilen. Ich muss so schnell wie möglich ins Bett.«

Sie konnte nicht mehr.

Ich fragte sie, warum sie nicht in Paris auf mich gewartet habe.

Sie schien mich nicht gehört zu haben, aber dann antwortete sie mir doch:

»Ich wollte nicht mehr warten.«

Sie starrte vor sich hin, ohne etwas zu sehen.

Vor dem Hotel half ich ihr beim Aussteigen. Sie bestand darauf, bis zum Aufzug zu gehen. Ich stützte sie, wir kamen nur langsam vorwärts. Im Zimmer half ich ihr beim Auskleiden. Mit halber Stimme gab sie mir die nötigen Anweisungen. Ich solle darauf achten, ihr nicht weh zu tun, und möge ihr die von ihr gewünschten Wäschestücke reichen. Während ich sie auszog, konnte ich mich eines unglücklichen Lächelns nicht enthalten, je mehr ihre Nacktheit zum Vorschein kam (ihr magerer Körper war weniger rein): schon besser, dass sie krank war.

Mit einer Art Erleichterung sagte sie:

»Nun leide ich nicht mehr. Ich habe nur überhaupt keine Kraft mehr.«

Ich hatte sie nicht einmal mit meinen Lippen berührt, sie hatte mich kaum angesehen, doch was jetzt im Zimmer geschah, vereinte uns.

Als sie sich auf dem Bett ausstreckte, den Kopf genau in der Mitte des Kissens, entspannten sich ihre Züge: Bald schien sie ebenso schön wie früher. Für einen Augenblick sah sie mich an, dann wandte sie sich ab.

Die Fensterläden waren geschlossen, aber ein paar Sonnenstrahlen drangen hindurch. Es war heiß. Ein Zimmermädchen kam mit einem Eimer voll Eis herein. Dorothea bat mich, das Eis in einen Gummibeutel zu tun und ihr auf den Bauch zu legen.

Sie sagte:

»Da habe ich Schmerzen. Ich bleibe so auf dem Rücken liegen mit dem Eis.«

Sie sagte weiter:

»Gestern, als du mich anriefst, war ich gerade ausgegangen. Ich bin nicht so krank, wie ich aussehe.«

Sie lächelte: Doch ihr Lächeln wirkte peinlich.

»Ich musste bis Marseille dritter Klasse fahren. Sonst hätte ich erst heute Abend reisen können.«

»Warum? Hattest du nicht mehr genug Geld?«

»Ich musste für das Flugzeug etwas zurückbehalten.«

»Hat dich die Bahnfahrt krank gemacht?«

»Nein. Ich bin schon seit einem Monat krank, nur das Rütteln hat mir sehr zugesetzt: Mir war die ganze Nacht elend, sehr elend. Aber ...«

Sie nahm meinen Kopf in ihre Hände und wandte sich ab, um mir zu sagen:

»Ich war glücklich zu leiden.«

Kaum hatte sie das ausgesprochen, da stießen mich ihre Hände, die mich gesucht hatten, zurück.

Aber noch nie, seit ich ihr begegnet war, hatte sie so mit mir gesprochen.

Ich stand auf. Ich ging ins Badezimmer und weinte.

Gleich darauf kam ich zurück. Ich täuschte eine Kälte vor, die der ihren entsprach. Ihre Gesichtszüge hatten sich verhärtet. Als müsste sie sich für ihr Geständnis rächen.

Ein leidenschaftlicher Hassanfall überkam sie, ein Anfall, der sie verschlossen machte.

»Wenn ich nicht krank wäre, wäre ich nicht gekommen. Jetzt bin ich krank: Wir werden glücklich sein. Endlich bin ich krank.«

Die aufgestaute Wut verzerrte ihr Gesicht zu einer Grimasse.

Sie wurde hässlich. Ich begriff, dass ich diese Heftigkeit an ihr liebte. Was ich an ihr liebte, war ihr Hass, ich liebte die unvermutete Hässlichkeit, die entsetzliche Hässlichkeit, die der Hass ihren Zügen verlieh.

7

Der von mir herbeigerufene Arzt ließ sich melden. Wir waren eingeschlafen. Das seltsame, halbdunkle Zimmer, in dem ich erwachte, schien mir verödet. Dorothea erwachte zur gleichen Zeit. Sie fuhr auf, als sie meiner ansichtig wurde. Ich saß aufrecht im Sessel: Ich versuchte mich zu erinnern, wo ich war. Ich wusste nichts mehr. War es Nacht? Offenbar war es Tag. Das Telefon klingelte, ich nahm den Hörer ab. Ich bat, den Arzt heraufkommen zu lassen.

Ich wartete das Ende der Untersuchung ab: Ich fühlte mich sehr erschöpft, sehr unausgeschlafen. Dorothea hatte ein Frauenleiden: Trotz des ernsten Zustandes könne sie sich bald wieder erholen. Die Reise habe die Sache verschlimmert, sie hätte nicht reisen dürfen. Der Arzt wollte wiederkommen. Ich begleitete ihn bis zum Aufzug. Zum Schluss fragte ich ihn noch, wie die Dinge in Barcelona stünden:

Er sagte mir, seit zwei Stunden würde überall gestreikt, es liege alles still, aber die Stadt sei ruhig. Er war ein harmloser Mann. Ich weiß nicht, warum ich ihm töricht lächelnd sagte:

»Die Ruhe vor dem Sturm ...«

Er drückte mir die Hand und ging wortlos davon, als sei ich ein schlecht erzogener Mensch.

Dorothea, die sich etwas erholt hatte, kämmte sich. Sie legte Rot auf die Lippen.

Sie sagte zu mir:

»Ich fühle mich wohler ... Was hast du den Arzt gefragt?«

»Ein Generalstreik ist ausgebrochen und vielleicht kommt es zum Bürgerkrieg.«

»Warum zum Bürgerkrieg?«

»Zwischen den Katalanen und den Spaniern.«

»Ein Bürgerkrieg?«

Die Vorstellung eines Bürgerkrieges brachte sie aus der Fassung. Ich sagte noch zu ihr:

»Du musst tun, was der Arzt gesagt hat ...«

Es war falsch, so schnell davon zu reden: Es war, als sei ein Schatten vorübergezogen; Dorotheas Miene verdunkelte sich.

»Wozu soll ich gesund werden?«, sagte sie.

Allerseelen

I

Dorothea war am fünften Oktober angekommen. Am sechsten um zehn Uhr abends saß ich an ihrem Bett: Sie erzählte mir, was sie in Wien getan, nachdem sie mich verlassen hatte.

Sie war in eine Kirche gegangen.

Es war niemand darin, und sie hatte sich zunächst auf die Fliesen gekniet, dann hatte sie sich der Länge nach mit von sich gekreuzten Armen zu Boden geworfen. Das hatte für sie keinerlei Sinn. Sie hatte nicht gebetet. Sie begriff nicht, warum sie so gehandelt hatte, aber nach einer Weile wurde sie von mehreren Donnerschlägen erschüttert. Sie hatte sich wieder erhoben, die Kirche verlassen und war durch den strömenden Regen gelaufen. Sie stellte sich unter eine Toreinfahrt. Sie war ohne Hut und völlig durchnässt. Unter der Toreinfahrt stand ein Bursche mit einer Mütze, ein ganz junger Bursche.

Er wollte mit ihr schäkern. Sie war verzweifelt, sie konnte nicht lachen: Sie trat auf ihn zu und küsste ihn. Sie berührte ihn. Er erwiderte ihre Berührungen. Sie war hemmungslos und erfüllte ihn mit Entsetzen.

Sie war ganz entspannt, während sie mit mir sprach. Sie sagte mir: »Er war wie ein kleiner Bruder, er fühlte die Nässe, ich auch, aber ich war in einem solchen Zustand, dass er vor Angst zitterte, als ich kam.«

Wie ich Dorothea so zuhörte, hatte ich Barcelona vergessen.

In unmittelbarer Nähe hörten wir Alarmsignale. Dorothea hielt plötzlich inne. Überrascht lauschte sie. Sie redete weiter, dann schwieg sie endgültig. Es fielen Schüsse. Einen Augenblick herrschte Ruhe, dann begann die Schießerei von neuem. Es war ein jähes Getöse, nicht weit weg. Dorothea hatte sich aufgerichtet: Zwar hatte sie keine Angst, aber es war von tragischer Brutalität. Ich trat ans Fenster. Unter den Bäumen der in dieser Nacht spärlich beleuchteten Rambla sah ich Leute mit Gewehren laufen und gestikulieren. Auf der Rambla selbst wurde nicht geschossen, nur in den angrenzenden Straßen: Ein von einer Kugel getroffener Ast fiel zu Boden.

Ich sagte zu Dorothea:

»Jetzt wird's bedrohlich!«

»Was ist denn los?«

»Ich weiß nicht. Zweifellos greift das Militär die

andern an (die andern waren die Katalanen und die Generalitat von Barcelona). In der Calle Fernando wird geschossen. Das ist ganz nah.«

Eine dröhnende Gewehrsalve ließ die Luft erzittern.

Dorothea kam an eines der Fenster. Ich drehte mich um. Ich schrie sie an:

»Bist du verrückt? Leg dich sofort wieder hin!«

Sie trug einen Herrenpyjama. Barfuß und mit zerzaustem Haar ging von ihrem Gesichtsausdruck etwas Grausames aus.

Sie schob mich beiseite und sah aus dem Fenster. Ich zeigte auf den abgeschossenen Ast auf der Straße.

Sie wandte sich wieder zum Bett und streifte die Pyjamajacke ab. Mit nacktem Oberkörper begann sie, im Zimmer herumzusuchen: Sie sah aus wie eine Irre.

Ich fragte sie:

»Was suchst du? Du musst dich unbedingt wieder hinlegen.«

»Ich will mich anziehen. Ich will mit dir rausgehen, um es zu sehen.«

»Bist du von Sinnen?«

»Versteh doch, es ist stärker als ich. Ich werde rausgehen.«

Sie schien hemmungslos. Sie war aggressiv, sie war unzugänglich, sie sprach, ohne eine Antwort abzuwarten, von einer Art Zornestaumel hingerissen.

In diesem Augenblick wurde mit Fäusten gegen die Tür getrommelt. Dorothea warf die Jacke, die sie ausgezogen hatte, beiseite.

Es war Xenia. (Ich hatte ihr am Abend zuvor, als ich sie mit Michel allein ließ, alles gesagt.) Xenia zitterte. Ich sah Dorothea an, ich fand sie provozierend. Stumm, böse stand sie da, mit nackter Brust.

Grob sagte ich zu Xenia:

»Du musst wieder in dein Zimmer gehen. Es geht nicht anders.«

Dorothea unterbrach mich, ohne Xenia anzusehen: »Nein. Sie können hierbleiben, wenn Sie wollen. Bleiben Sie bei uns.«

Xenia verharrte unbeweglich an der Tür. Die Schießerei dauerte an. Dorothea packte mich am Ärmel. Sie zog mich in die andere Ecke des Zimmers und flüsterte mir zu:

»Ich habe eine grauenhafte Idee, verstehst du?«

»Was für eine Idee? Ich verstehe gar nichts mehr. Wozu dieses Mädchen zum Bleiben auffordern?«

Dorothea wich vor mir zurück: Sie sah tückisch aus, und gleichzeitig wurde deutlich, dass sie nicht mehr konnte. Das Krachen der Gewehrschüsse dröhnte einem im Schädel. Mit gesenktem Kopf sagte sie in aggressivem Ton:

»Du weißt, dass ich ein Tier bin!«

Die andere konnte sie hören.

Ich eilte auf Xenia zu und bat sie flehentlich:

»So geh doch schon!«

Auch Xenia flehte. Ich erwiderte:

»Ist die klar, was geschehen wird, wenn du bleibst?«

Dorothea lachte zynisch, während sie Xenia musterte. Ich schob Xenia auf den Flur hinaus: Xenia, die Widerstand leistete, beschimpfte mich. Von Anfang an war sie von Sinnen und – dessen bin ich sicher – sexuell äußerst erregt. Ich stieß sie, aber sie schrie und wehrte sich wie ein Teufel. Es lag eine ungeheure Gewalt in der Luft; ich stieß sie nach Leibeskräften zurück. Xenia stürzte der Länge nach quer auf dem Flur zu Boden. Ich verriegelte die Tür. Ich war verrückt geworden. Auch ich war ein Tier, doch gleichzeitig war ich am Zittern. Ich hatte mir eingebildet, Dorothea würde sich, während ich mit Xenia beschäftigt war, aus dem Fenster stürzen.

2

Dorothea war erschöpft; sie ließ sich widerspruchslos tragen. Ich brachte sie ins Bett: Sie ließ es geschehen, mit nackter Brust schlaff in meinen Armen liegend. Ich trat wieder ans Fenster. Ich schloss die Läden. Erschrocken sah ich, wie Xenia das Hotel verließ. Sie rannte über die Rambla. Ich konnte nichts tun: Ich durfte Dorothea keinen Augenblick allein lassen. Ich sah, dass Xenia nicht in Richtung der Schießerei lief, sondern auf die Straße zu, in der Michel wohnte. Sie verschwand.

Die ganze Nacht war unruhig. An Schlaf war nicht zu denken. Allmählich nahm der Kampf an Intensität zu. Erst gaben die Maschinengewehre, dann die Kanonen Feuer. Vom Hotelzimmer aus, in dem Dorothea und ich eingeschlossen waren, konnte das etwas Grandioses haben, im Grunde aber war es unbegreiflich. Ich verbrachte einen Teil der Zeit damit, in diesem Zimmer auf und ab zu gehen.

Mitten in der Nacht setzte ich mich während einer Feuerpause auf den Bettrand. Ich sagte zu Dorothea:

»Ich verstehe nicht, dass du in eine Kirche gegangen bist.«

Wir schwiegen darauf lange. Sie zuckte zusammen, antwortete aber nicht. Ich fragte sie, warum sie nichts sage.

Sie träume, erwiderte sie mir.

»Aber wovon träumst du?«

»Ich weiß nicht.«

Ein wenig später sagte sie:

»Ich kann mich vor ihm niederwerfen, wenn ich glaube, dass er nicht existiert.«

»Warum bist du in die Kirche gegangen?«

Sie drehte mir in ihrem Bett den Rücken zu.

Sie sagte noch:

»Du solltest gehen. Es wäre besser für mich, jetzt allein zu sein.«

»Wenn es dir lieber ist, kann ich ausgehen.«

»Du willst in den Tod rennen ...«

»Warum? Nicht alle Kugeln treffen. Hör doch: Die Schießerei dauert an. Das beweist deutlich, dass selbst die Kanonenkugeln noch Leute genug verschonen.«

Sie hing ihren eigenen Gedanken nach:

»Das wäre weniger verlogen.«

Nun wandte sie sich mir zu. Sie sah mich ironisch an:

»Wenn du wenigstens den Kopf verlieren könntest!«

Ich verzog keine Miene.

3

Am anderen Nachmittag brach der Straßenkampf, der an Intensität eingebüßt hatte, von Zeit zu Zeit wieder heftig aus. Als gerade Ruhe eingetreten war, rief Xenia aus dem Büro des Hotels an. Sie schrie in den Apparat hinein. Dorothea schlief gerade. Ich ging in die Halle hinunter. Dort stand Lazare und bemühte sich, Xenia zu stützen. Schmutzig, mit zerzaustem Haar, machte Xenia den Eindruck einer Wahnsinnigen. Lazare war wie immer verschlossen und finster.

Xenia, die sich Lazare entwand, stürzte sich auf mich. Als wollte sie mir an die Kehle springen.

Sie schrie:

»Was hast du angerichtet?«

Auf der Stirn hatte sie eine breite Wunde, die aus einer aufgerissenen Kruste blutete.

Um sie zum Schweigen zu bringen, ergriff ich ihre

Handgelenke und bog sie ihr zurück. Sie hatte Fieber, sie zitterte.

Ohne Xenias Handgelenke loszulassen, fragte ich Lazare, was geschehen sei.

Sie sagte zu mir:

»Michel ist getötet worden und Xenia ist überzeugt, dass das ihre Schuld ist.«

Ich musste mich anstrengen, um Xenia im Zaum zu halten: Während Lazare sprach, setzte sie sich heftig zur Wehr. Wie eine Wilde versuchte sie, mich in die Hand zu beißen.

Lazare half mir, sie festzuhalten: Sie hielt ihren Kopf. Auch ich zitterte.

Nach einer Weile beruhigte sich Xenia.

Benommen stand sie vor uns.

Mit rauer Stimme sagte sie:

»Warum hast du mich so behandelt? ... Du hast mich auf den Boden geworfen ... wie ein Tier ...«

Ich hatte ihre Hand genommen und drückte sie heftig.

Lazare ließ ein feuchtes Handtuch bringen.

Xenia sprach weiter:

»... zu Michel ... bin ich abscheulich gewesen ... Wie du zu mir ... das ist deine Schuld ... er liebte mich ... er allein auf der ganzen Welt, nur er liebte mich ... Ich habe mit ihm gemacht ... was du mit mir gemacht hast ... er hat den Kopf verloren ... er ist in den Tod gerannt ... und jetzt ... Michel ist tot ... es ist schrecklich ...«

Lazare legte ihr das Handtuch auf die Stirn.

Wir stützten sie jeder auf einer Seite, um sie auf ihr Zimmer zu bringen. Sie schleppte sich nur mühsam fort. Ich weinte. Ich sah, dass Lazare gleichfalls zu weinen begann. Die Tränen rannen ihr über die Wangen: Dennoch hatte sie nichts von ihrer Selbstbeherrschung und von ihrer Düsternis verloren, und es war schauerlich, ihre Tränen rinnen zu sehen. Wir legten Xenia in ihrem Zimmer auf das Bett.

Ich sagte zu Lazare:

»Dirty ist hier. Ich kann sie nicht allein lassen.«

Lazare sah mich an, und in diesem Augenblick wusste ich, dass sie nicht mehr den Mut hatte, mich zu verachten.

Sie sagte bloß:

»Ich werde bei Xenia bleiben.«

Ich drückte Lazare die Hand. Ich ließ meine Hand sogar einen Augenblick in ihrer ruhen. Aber ich dachte bereits daran, dass ja Michel und nicht ich gestorben war. Dann schloss ich Xenia in meine Arme: Ich hätte sie wirklich gern geküsst, aber ich fühlte mich zum Heuchler werden und ging sofort aus dem Zimmer. Als sie sah, dass ich ging, begann sie, reglos zu schluchzen. Ich trat in den Flur hinaus. Aus Ansteckung weinte ich auch.

4

Bis Ende Oktober blieb ich mit Dorothea in Spanien. Xenia kehrte mit Lazare nach Frankreich zurück. Dorothea fühlte sich von Tag zu Tag wohler: Nachmittags ging sie mit mir in die Sonne hinaus (wir hatten uns in einem Fischerdorf einquartiert).

Ende Oktober hatten wir kein Geld mehr, weder sie noch ich. Dorothea musste nach Deutschland zurückkehren. Ich sollte sie bis Frankfurt begleiten.

An einem Sonntagmorgen (am ersten November) kamen wir in Trier an. Wir mussten den nächsten Tag abwarten, bis die Banken geöffnet hatten. Am Nachmittag war es regnerisch, aber wir konnten uns nicht im Hotel einschließen. Wir wanderten aus der Stadt heraus bis zu einer Anhöhe über dem Moseltal. Es war kalt, die ersten Regentropfen fielen. Dorothea trug einen Reisemantel aus grauem Tuch.

Ihre Haare waren vom Wind zerzaust, sie wurde vom Regen durchnässt. Als wir die Stadt verließen, fragten wir einen kleinen bürgerlichen Mann mit Schnauzbart und Melone nach dem Weg. Mit entwaffnender Höflichkeit nahm er Dorothea bei der Hand. Er führte uns zu einer Straßenkreuzung, von der aus wir uns hätten zurechtfinden können. Im Weggehen wandte er sich noch einmal um und lächelte uns zu. Dorothea sah ihn ebenfalls an, mit ernüchtertem Lächeln. Da wir dem kleinen Mann nicht zugehört hatten, verliefen wir uns bald. Wir mussten fernab der Mosel lange durch Seitentäler wandern. Die Erde, die Steine in den Hohlwegen und die nackten Felsen waren leuchtend rot: Es gab viel Wald, Felder und Wiesen. Wir kamen durch einen herbstlich braunen Wald. Es begann zu schneien. Wir begegneten einem Hitlerjugendtrupp, Kindern zwischen zehn und fünfzehn Jahren in kurzer Hose und schwarzer Samtjacke. Sie marschierten rasch, sahen niemanden an und sprachen mit gellender Stimme. Es war da rein gar nichts, was nicht erschreckend trostlos war: ein großer grauer Himmel, der sich langsam in fallenden Schnee verwandelte. Wir gingen schnell. Wir mussten über eine Hochebene mit Feldern gehen. Immer öfter sahen wir frisch gepflügte Furchen; über uns wirbelte unablässig der Schnee. Um uns war es endlos weit. Mit vor Kälte eisigem Gesicht auf einer kleinen Straße dahineilend hatten Dorothea und ich das Gefühl für das Dasein verloren.

Wir kamen zu einem Restaurant, das von einem Turm überragt wurde: Drinnen war es warm, aber es herrschte ein trübes Novemberlicht, zahlreiche Bürgerfamilien saßen an den Tischen. Dorothea, deren Lippen bleich und deren Gesicht von der Kälte gerötet war, sagte nichts: Sie aß von einem Kuchen, den sie besonders gern mochte. Sie blieb sehr schön, obwohl sich ihr Gesicht in diesem Lichte verlor, es verlor sich in dem Grau des Himmels. Beim Abstieg schlugen wir mühelos den rechten Weg ein, er war gar nicht lang und führte in Serpentinen den bewaldeten Hang hinab. Es schneite nicht mehr oder kaum noch. Der Schnee hatte keine Spuren hinterlassen. Wir gingen rasch, ab und zu glitten wir aus oder strauchelten, und die Nacht brach an. Weiter unten erschien im Halbdunkel Trier. Von großen viereckigen Kirchtürmen beherrscht dehnte sich die Stadt am anderen Ufer der Mosel aus. Allmählich konnten wir im Dunkeln die Kirchtürme nicht mehr sehen. Als wir eine Lichtung überquerten, erblickten wir ein niedriges, aber breites, von Schrebergärten umgebenes Haus. Dorothea meinte, sie wolle dieses Haus kaufen und mit mir darin wohnen. Es herrschte zwischen uns nurmehr eine feindselige Ernüchterung. Wir spürten es, wir bedeuteten nur noch wenig füreinander, jedenfalls von dem Augenblick an, da wir die Angstzustände überwunden hatten. Wir hatten es eilig, zu einem Hotelzimmer in einer Stadt zu kommen, die wir am Vorabend noch nicht gekannt hatten.

In der Dunkelheit geschah es, dass wir uns suchten. Wir blickten einander in die Augen: nicht ohne Furcht. Wir waren aneinander gebunden, aber wir hegten nicht mehr die leiseste Hoffnung. An einer Wegbiegung tat sich eine Leere unter uns auf. Seltsamerweise war diese Leere zu unseren Füßen ebenso grenzenlos wie der bestirnte Himmel über unseren Köpfen. Eine Vielzahl kleiner im Winde flackernder Lichter feierte in der Nacht ein schweigendes unausdenkbares Fest. Zu Hunderten leuchteten diese Sterne, diese Kerzen über dem Boden: dem Boden, auf dem sich die Menge beleuchteter Gräber aneinanderreihte. Ich nahm Dirty am Arm. Wir waren gebannt von diesem Abgrund aus Grabsternen. Dorothea schmiegte sich an mich. Sie küsste mich lange und inbrünstig. Sie umschlang mich und drückte mich heftig an sich: Das war seit langem das erste Mal, dass sie sich so gehenließ. Hastig begaben wir uns jene zehn Schritte, die Liebende tun, vom Weg ab auf den gepflügten Acker. Wir waren noch immer oberhalb der Gräber, Dorothea knöpfte ihren Mantel auf, ich entkleidete sie bis zum Geschlecht. Sie entkleidete mich ebenfalls. Wir fielen auf den lockeren Boden, und ich bohrte mich in ihren feuchten Körper, wie sich eine sicher gelenkte Pflugschar in die Erde bohrt. Unter diesem Körper war die Erde offen wie ein Grab, ihr nackter Schoß öffnete sich mir wie ein frisches Grab. Wie betäubt gaben wir uns über einem sternenfunkelnden Friedhof der Liebe hin. Jedes der Lichter kündete von einem Skelett in einem Grab. Sie bildeten dergestalt einen flackernden Himmel, der ebenso verworren war wie die Bewegungen unserer verschlungenen Körper. Es war kalt, meine Hände drückten sich in die Erde hinein: Ich knöpfte Dorothea weiter auf, ich beschmutzte ihre Wäsche und ihre Brust mit der frischen Erde, die an meinen Fingern klebte. Ihre aus den Kleidern hervorquellenden Brüste waren so weiß wie der Mond. Von Zeit zu Zeit ließen wir voneinander ab, wir zitterten vor Kälte: Unsere Körper bebten wie zwei aufeinanderschlagende Zahnreihen.

Der Wind toste durch die Bäume. Stammelnd sagte ich zu Dorothea, ich lallte, ich sprach wie wild:

»... mein Skelett ... du zitterst ja vor Kälte ... du klapperst mit den Zähnen.«

Ich hielt inne, ich lastete auf ihr, ohne mich zu rühren, ich hechelte wie ein Hund. Jählings umklammerte ich ihre nackten Lenden. Ich fuhr mit meinem ganzen Gewicht auf sie nieder. Sie stieß einen furchtbaren Schrei aus. Ich biss mit aller Kraft die Zähne zusammen. In diesem Augenblick glitten wir auf ein abschüssiges Gelände. Etwas weiter unten ragte ein überhängender Fels hervor. Hätte ich dieses Gleiten nicht mit dem Fuß aufgehalten, wären wir in die Nacht gestürzt, und ich hätte verzaubert glauben können, wir stürzten in die Leere des Himmels.

Ich musste mir die Hose hochziehen, so gut ich konnte. Ich war aufgestanden. Dirty blieb dagegen mit nacktem Hintern auf dem Boden sitzen. Mühsam richtete sie sich auf, sie ergriff eine meiner Hände. Sie küsste meinen nackten Bauch: An meinen behaarten Beinen klebte Erde: Sie kratzte sie ab, um mich davon zu befreien. Sie klammerte sich an mich. Sie spielte mit zweideutig listigen Bewegungen, mit Bewegungen von wahnsinniger Unanständigkeit. Sie riss mich wieder zu Boden. Mühsam erhob ich mich wieder, ich half ihr beim Aufstehen. Ich half ihr beim Anziehen, aber das war schwer, unsere Körper und unsere Kleider waren voller Erde. Die Erde hatte uns nicht weniger erregt als die Nacktheit unseres Fleisches; kaum war Dirtys Geschlecht von den Kleidern bedeckt, als ich es abermals hastig entblößte.

Die Straßen waren menschenleer, als wir am Friedhof vorbei in das Städtchen zurückkehrten. Wir kamen durch ein Viertel mit niedrigen alten Häusern inmitten von Gärten. Ein kleiner Junge kam an uns vorbei: Er musterte Dirty erstaunt. Sie erinnerte mich an Soldaten, die in schlammigen Gräben kämpften, aber ich hatte es eilig, mit ihr in ein geheiztes Zimmer zu kommen und ihr das Kleid bei Licht auszuziehen. Der kleine Junge blieb stehen, um uns genauer zu betrachten. Die große Dirty streckte den Kopf vor und schnitt ihm eine fürchterliche Grimasse. Das kleine dreiste und hässliche Bürschlein rannte davon.

Ich dachte an den kleinen Karl Marx und an den Bart, den er später als Erwachsener trug: Heute lag er in der Nähe Londons unter der Erde, und sicher ist auch Marx als kleiner Junge durch die verlassenen Straßen von Trier gerannt.

5

Am nächsten Tag mussten wir nach Koblenz. Von Koblenz nahmen wir einen Zug nach Frankfurt, wo ich Dorothea verlassen sollte. Während wir das Rheintal hinauffuhren, ging ein feiner Regen nieder. Die Ufer des Rheins waren grau, jedoch nackt und unberührt. Der Zug fuhr von Zeit zu Zeit an einem Friedhof vorbei, dessen Gräber unter Bergen weißer Blüten verschwanden. Bei Einbruch der Dunkelheit sahen wir auf den Grabkreuzen brennende Kerzen. Ein paar Stunden später sollten wir uns verlassen. Um acht Uhr würde Dorothea in Frankfurt in einen Zug nach Süden steigen. Einige Minuten darauf würde ich den Zug nach Paris nehmen. Hinter Bingerbrück wurde es Nacht.

Wir waren allein im Abteil. Dorothea rückte nahe an mich heran, um mit mir zu reden. Sie hatte eine fast kindliche Stimme. Sie fasste mich kräftig am Arm und sagte zu mir:

»Bald wird es Krieg geben, nicht wahr?«

Ich antwortete leise:

»Was weiß ich.«

»Ich möchte es wissen. Weißt Du, was ich manchmal denke: Ich denke, dass es Krieg gibt. Dann muss ich einem Mann verkünden: Der Krieg ist ausgebrochen. Ich werde ihn besuchen, aber er darf nicht darauf gefasst sein: Er wird blass.«

»Und dann?«

»Das ist alles.«

Ich fragte sie:

»Warum denkst du an den Krieg?«

»Ich weiß nicht. Hättest du denn Angst, wenn es Krieg gäbe?«

»Nein.«

Sie rückte noch näher an mich heran und legte ihre glühendheiße Stirn an meinen Hals:

»Hör zu, Henri ... ich weiß, ich bin ein Ungeheuer, aber manchmal wünschte ich, es gäbe Krieg ...«

»Warum nicht?«

»Wünschst du dir das auch? Du würdest totgeschossen, nicht wahr?«

»Warum denkst du an den Krieg? Wegen gestern?«

»Ja, wegen der Gräber.«

Dorothea saß lange eng an mich geschmiegt. Die letzte Nacht hatte mich ausgelaugt. Ich begann einzuschlafen.

Als ich in den Schlaf sank, liebkoste mich Dorothea verstohlen, fast ohne sich zu rühren, um mich wieder zu wecken. Leise redete sie weiter:

»Der Mann, weißt du, dem ich verkünde, dass Krieg ist …«

»Ja?«

»Der sieht aus wie der kleine Mann mit dem Schnurrbart, der mich gestern im Regen bei der Hand genommen hat: ein sehr netter Mann mit vielen Kindern.«

»Und die Kinder?«

»Die sterben alle.«

»Sie werden getötet?«

»Ja. Jedes Mal, wenn ich den kleinen Mann besuche. Das ist absurd, nicht wahr?«

»Du verkündest ihm den Tod seiner Kinder?«

»Ja. Jedes Mal, wenn er mich sieht, wird er blass. Ich komme in einem schwarzen Kleid, und weißt du, wenn ich weggehe …«

»Sag schon.«

»Ist dort, wo ich stand, eine Blutlache.«

»Und du?«

Sie hauchte so etwas wie eine Klage aus, gleichsam als flehe sie plötzlich:

»Ich liebe dich …«

Sie presste ihre frischen Lippen auf meinen Mund. Ich empfand eine untragbare Freude. Als ihre Zunge die meine berührte, war es so schön, dass ich am liebsten nicht mehr weitergelebt hätte.

Dirty, die ihren Mantel ausgezogen hatte, unter dem sie ein leuchtend rotes Seidenkleid trug, so rot wie die Hakenkreuzfahnen, lag in meinen Armen. Ihr Körper war nackt unter dem Kleid. Sie roch nach feuchter Erde. Ich rückte etwas von ihr ab, teils unter der Wirkung der Erregung (ich wollte mich bewegen), teils um an das andere Ende des Wagens zu gehen. Im Gang störte ich zweimal einen sehr schönen und hochgewachsenen SA-Offizier. Er hatte fayenceblaue Augen, die sich sogar in einem erleuchteten Waggon in den Wolken verloren: als ob er in seinem Innern den Ruf der Walküre vernommen hätte, aber zweifellos war sein Ohr empfänglicher für den Trompetenstoß in der Kaserne. Ich blieb in der Abteiltür stehen. Dirty schaltete das Nachtlicht ein. Unbeweglich stand sie in dem matten Schein: Sie machte mir Angst; trotz der Dunkelheit sah ich hinter ihr eine riesige Ebene. Dirty sah mich an, aber sie war selbst geistesabwesend, verloren in einem schrecklichen Traum. Ich näherte mich ihr und sah, dass sie weinte. Ich schloss sie in meine Arme, ihre Lippen wollte sie mir nicht geben.Ich fragte sie, weswegen sie weine.

Ich dachte:

»Ich kenne sie so wenig wie möglich.«

Sie antwortete.

»Wegen nichts.«

Sie brach in Schluchzen aus.

Ich drückte sie fest an mich. Ich hätte fast auch geschluchzt. Ich hätte gern gewusst, warum sie weinte, aber sie sagte nichts mehr. Ich sah sie, wie sie war, als ich in das Abteil zurückkam: Wie sie so vor mir stand, glich ihre Schönheit einer Geistererscheinung. Ich hatte wieder Angst. Bei dem Gedanken, dass sie mich in einigen Stunden verlassen würde, packte mich die Angst, und ich dachte plötzlich: Sie ist derart gierig, dass sie nicht leben kann. Sie wird nicht am Leben bleiben. Unter meinen Füßen spürte ich das Rattern der Räder auf den Schienen, jener Räder, die über berstende zermalmte Leiber dahinfahren.

6

Die letzten Stunden vergingen sehr schnell. In Frankfurt wollte ich ein Zimmer nehmen. Sie schlug es aus. Wir aßen zusammen zu Abend: Die einzige Möglichkeit, durchzuhalten, war eine Beschäftigung. Die letzten Minuten auf dem Bahnsteig waren unerträglich. Ich hatte nicht den Mut, wegzugehen. Ich sollte sie in einigen Tagen wiedersehen, aber ich war von der Idee besessen, dass sie vorher sterben würde. Sie entschwand mit dem Zug.

Ich stand allein auf dem Bahnsteig. Draußen regnete es in Strömen. Ich ging weinend davon. Das Gehen fiel mir schwer. Ich hatte noch den Geschmack von Dirtys Lippen im Mund, etwas ganz Unbegreifliches. Ich bemerkte einen Eisenbahner. Er ging an mir vorbei: Ich empfand ein Unbehagen ihm gegenüber. Warum hatte er nichts mit einer Frau gemein, die ich hätte küssen können? Auch er hatte Augen, einen Mund, einen Hintern. Der Mund flößte mir Brechreiz ein. Ich hätte ihn schlagen mögen: Er sah aus wie ein fetter Bürger. Ich fragte ihn nach den Toiletten (ich hätte dringend dorthin gemusst). Nicht einmal meine Tränen hatte ich abgewischt. Er gab mir eine Auskunft auf Deutsch, das war schwer zu verstehen. Ich kam ans andere Ende der Bahnhofshalle: Ich vernahm das Schmettern gellender Musik, ein Getöse von unerträglicher Grelle. Ich weinte immer noch. Vom Bahnhofseingang aus sah ich in der Ferne, am anderen Ende eines riesigen Platzes, ein hellerleuchtetes Theater, und auf der Treppe des Theaters ein Musikkorps in Uniform: Es war ein überwältigender, ohrenbetäubender, jubelnder Lärm. Ich war so verblüfft, dass ich sofort zu weinen aufhörte. Ich hatte nicht einmal mehr das Bedürfnis, auf die Toilette zu gehen. Im strömenden Regen rannte ich über den leeren Platz. Ich stellte mich unter das schützende Vordach des Theaters.

Ich stand vor Kindern, die sich in militärischer Ordnung unbeweglich auf den Stufen des Theaters aufgestellt hatten: Sie trugen kurze schwarze Cordhosen, mit Achselschnüren geschmückte Jäckchen, sie waren barhäuptig; rechts standen die Querpfeifer, links die Trommler. Sie spielten mit solcher Gewalt, in so schneidendem Rhythmus, dass ich atemlos vor ihnen stehenblieb. Nichts Trockeneres als dieses Trommeln, nichts Ätzenderes als die Querpfeifen. Alle diese Nazikinder (einige waren blond und hatten ein Puppengesicht), die in der Nacht vor dem unendlich weiten Platz im strömenden Regen für ein paar spärliche Passanten spielten, standen stocksteif da, als seien sie einem Untergangsjubel zur Beute gefallen: Vor ihnen schlug ihr Anführer, ein Junge von krankhafter Magerkeit mit einem bissigen Fischgesicht (ab und an drehte er sich um, um Befehle zu bellen, er röchelte), den Takt mit dem langen Stab eines Tambour-Majors.

Mit obszöner Gebärde stützte er diesen Stab mit dem Degenknauf auf den Unterleib (und dann ähnelte dieser Stab einem mit Tressen und bunten Schnüren geschmückten überdimensionalen Affenpenis); mit dem Ruck eines kleinen schmutzigen Rohlings hob er dann den Knauf bis in Mundhöhe. Vom Bauch zum Mund und vom Mund zum Bauch, und jedes Auf und Ab abgehackt durch einen Trommelwirbel. Dieses Schauspiel war obszön. Es war erschreckend: Wäre ich ausnahmsweise nicht so kaltblütig gewesen, wie hätte ich stehenbleiben und diese hassvollen Mechanismen so ruhig ansehen können, als hätte ich vor einer steinernen Wand gestanden? Jedes Aufheulen der Musik in der Nacht war eine Beschwörung, die nach Krieg und Mord schrie. Die Trommelsalven kamen zum Höhepunkt in der Hoffnung, sich schließlich in blutigen Artilleriesalven zu entladen: In der Ferne sah ich ... eine Kinderarmee in Schlachtordnung. Sie waren zwar reglos, doch in einem Trancezustand. Ich sah sie, nicht fern von mir, von dem Verlangen besessen, in den Tod zu rennen. Verzaubert von grenzenlosen Gefilden, auf denen sie eines Tages lachend im Sonnenschein vorwärtsstürmen würden: Hinter sich würden sie die Sterbenden und die Toten zurücklassen.

Es wäre unmöglich, dieser kommenden Flut des Mordens, die viel ätzender ist als das Leben (da das Leben nicht so blutrot leuchtet wie der Tod), etwas anderes entgegenzusetzen als Nichtigkeiten, das komische Bittstellen alter Weiber. Waren nicht alle Dinge für die Feuersbrunst bestimmt, einem Gemisch aus Flamme und Donner, so fahl wie brennender Schwefel, der in der Kehle beißt? Ein Gefühl der Heiterkeit ergriff von mir Besitz: Dieser Katastrophe gegenüberstehend gewahrte ich an mir eine schwarze Ironie, wie sie einhergeht mit den Zuckungen in jenen Momenten, in denen niemand einen Schrei unterdrücken kann. Die Musik brach ab: Der Regen hatte aufgehört. Ich kehrte langsam zum Bahnhof zurück: Der Zug war zusammengestellt worden. Ich ging ein Stück den Bahnsteig entlang, bevor ich mich in ein Abteil setzte: Bald darauf fuhr der Zug ab.

(MAI 1935)

MICHEL SURYA

Der Sturz des Himmels

Wer käme in Frage, ein solches Buch zu veröffentlichen, in Frankreich, 1957, seinem Erscheinungsjahr?

Wer, *a fortiori*, 1935, als Bataille es geschrieben hat?

Alle Welt hat immer und überall viel zu viel Sinn für Anstand, insbesondere die Schriftsteller.

Bataille nicht, er sieht gewiss auch nur zum Teil inwiefern ein solches Buch »unanständig« ist, ja sogar jene »maßlose Anstößigkeit« aufweist, von der Blanchot im Hinblick auf Sades Bücher spricht. Aber so ist Bataille eben. Vorstellungen unterworfen, die weit hinausgehen über das, was sich sehen lassen darf (von einem Menschen, einem Leben), fühlt er sich doch auch unschuldig, womit ich meine, dass er auch erwartet, dass man ihn für unschuldig ansieht. Charakterzug, der zu den merkwürdigsten unter all seinen Besonderheiten zählt: Er stellt

Schrecken dar, er zeugt von ihnen, er verbirgt nicht einmal, dass auch er solchen Schrecken zur Geburt verhilft, dass sie auch aus ihm hervorgehen, keinen Augenblick zweifelt er an der Notwendigkeit, sie darzustellen, damit nichts an ihnen übersehen wird, damit nichts von dem in jedem Menschen hausenden, dem Leben und der Geschichte innewohnenden Grauen übersehen wird – das einzig die Literatur aufzeigen kann. Äußerst bemerkenswerter Fall insofern von Kunst und Idiotie, Idiotie im Sinne von »Singularität« und im Sinne Dostojewskis, dem Bataille viel von seiner Freiheit verdankt (der viel der Freiheit verdankt, die Dostojewski unter Beweis gestellt hat, unter anderem in den *Aufzeichnungen aus dem Kellerloch*).

*

Das Vorwort zu *Das Blau des Himmels*, das er 1957 verfasst hat, also 22 Jahre später, ist irreführend. Gewiss, es ist bewundernswert, gewiss kann man größtes Aufsehen um es machen, wobei man vielleicht aber zu großes Aufsehen um es gemacht hat. Aufsehen um einen Roman, dessen literarische Theorie ihm folglich vorausgehen könnte, um ihn selbst im Nachhinein der Literatur einzuverleiben, der anzugehören er nicht geeignet war; ja, an dem alles ungeeignet war, ihr anzugehören (zur Rechtfertigung eines »verfemten« Buchs, was vielleicht etwas vorschnell gesagt ist, in dem sich die Literatur zu ge-

gebener Zeit besser erkennen würde als in ihren »abgesegneten« Büchern).

Dieses Vorwort will zitiert werden (die Literaturwissenschaftler an den Universitäten zitieren es geschwind und gerne, es beruhigt sie). Bataille spricht darin von der Möglichkeit, wie sie einzig der Literatur, hier den »Erzählungen« zukommt, den Menschen vor sein Schicksal zu stellen. Solchen Erzählungen, schreibt Bataille, eignet ein »Moment der Raserei, ohne das ihr Autor blind wäre« für seine »exzessiven Möglichkeiten«. Allerdings präzisiert Bataille nicht, wem diese Möglichkeiten *exzessiv*, das heißt *überschreitend*, vorkommen, wer von ihnen überschritten wird. Da im Roman deutlich wird, dass er vor keiner einzigen seiner Möglichkeiten zurückweicht, und auch nicht vor der Notwendigkeit, sie darzustellen, sagt man sich sogleich, dass solche Möglichkeiten lediglich das Lesen überschreiten (den Zustand des Lesens 1957, der sich wandelt, und die Leser, die durch andere ersetzt werden). Womit Bataille eine Trennung vollziehe, Platz schaffe. Diejenigen aus dem Weg räume, für die »die beklemmende und unmögliche Zerreißprobe« dieser Raserei, dieses »Moments der Raserei«, nicht dem angehören kann, was ihnen zufolge die Literatur zu sein hat (nicht der Literatur, die ihnen genügt). Und auf dem Fuße folgt dann jener vollkommene Satz oder gefällige Sinnspruch: »Wie können wir bei Büchern verweilen, zu denen der Autor nicht spürbar *gezwungen* war?« Es gibt weit und breit niemanden, der ihn nicht für vollkommen erachtet hat, diesen Satz, der gesagt hat und sagen wird, was die Literatur gewesen sein muss und sein werden muss, um sich nicht ihres eigenen Grundsatzes unwürdig zu erweisen. Nur dass eben ein solcher Grundsatz (»Diesen Grundsatz wollte ich aufstellen. Ich verzichte darauf, ihn zu rechtfertigen«, fügt er anmaßend hinzu) keiner ist oder in die Irre führen kann: Viele Schriftsteller könnten von sich behaupten, genauso wie Bataille, faktisch dem von ihm aufgestellten Grundsatz zu entsprechen und auch zum Buch gezwungen gewesen zu sein, das sie geschrieben haben und das gelesen werden muss, damit ein solcher Grundsatz lebendig bleibe. Fast alle Schriftsteller sehen sich ungefähr so sehr wie Bataille, der solche Bücher geschrieben hat, solche *entsetzlichen, erstickenden* Bücher wie unter anderen *Das Blau des Himmels*, gezwungen, das weder entsetzliche noch erstickende Buch zu schreiben, an dem sie gerade schreiben. Irrtum demnach. Um diesem Irrtum zuvorzukommen, nennt Bataille Bücher, durch die sich der Grundsatz, den er aufstellen wollte, aber den er zu rechtfertigen verzichtet, letztlich bewahrheiten lässt: »*Sturmhöhe*, *Der Prozeß*, *Auf der Suche nach der verlorenen Zeit*, *Rot und Schwarz*, *Eugénie de Franval*, *Das Todesurteil*, *Sarrazine*, *Der Idiot* ...« (von Dostojewskis Büchern führt er hier bezeichnenderweise sein Lieblingsbuch auf, auch wenn die *Aufzeichnungen aus dem Kellerloch* viel mehr Einfluss auf *Das Blau des Himmels* ausgeübt hat). Diese Aufzählung spricht für sich. Es genügt nicht zu schreiben, um auf der Höhe des »Zwangs« zu sein, auf die sich die Literatur zu begeben hat, um sich zu rechtfertigen. Schreiben muss etwas kosten. Und zwar Hemd und Kragen, wenn es sein muss. Es ist gewiss nicht ausreichend beachtet worden, was Bataille, 1957, also 22 Jahre später, in seinem Vorwort zeigt: ein bemerkenswertes, ein beinahe anmaßendes Vertrauen in das Buch, das im Nachhinein durch dieses Vorwort »gerechtfertigt« wird, ein Vertrauen, wie er es während der 22 Jahre, in denen der es zurückgehalten hatte (so getan hatte, als ob es nie hätte existieren dürfen) selber nie verspürt hatte.

*

Batailles Vorworte (»Vorbemerkungen«, etc.) zu seinen eigenen Büchern sind erstaunlich. Einen Essay mit einem Vorwort zu versehen, versteht sich von selbst; und er tut dies fast immer. Aber eine Erzählung, einen Roman? Was hat es mit dieser Geste auf sich? Was bezweckt sie?

Das Vorwort zu *Madame Edwarda* ist das merkwürdigste oder albernste, und das längste. Er stellt es unter die – unmöglichen – Auspizien Hegels, die verlangen, sich der Kraft zu bemächtigen, wie sie mit dem Werk des Todes einhergeht. Dieses Epigraph zum ein Jahr zuvor – also 1956, also ebenfalls nachträglich – geschriebenen Vorwort zu *Madame Edwarda* hätte auch zum Vorwort zu *Das Blau des*

Himmels gepasst (Bataille hat niemals ein Buch nach dem anderen geschrieben, er hat sie alle gleichzeitig geschrieben: Das Vorwort zur Neuauflage von *La Haine de la poésie* (Der Hass auf die Poesie) unter dem Titel *L'Impossible* (Das Unmögliche) führt zu einem Spiel mit bewundernswerten, vorbereitenden Varianten, in denen er noch etwas sucht, das er dann findet, ohne es zu bemerken – ein verwirrendes, entsetzliches Spiel, als könne das Denken keine Lösung bereitstellen, die es selbst als die gesuchte Lösung anzuerkennen vermöchte). In diesem Vorwort von 1956 schreibt Bataille: »[...] was der Mystizismus nicht sagen konnte (in dem Augenblick, da er es sagt, wird er ohnmächtig), sagt der Erotismus: Gott ist nichts, wenn er nicht die Überschreitung Gottes in jeder Hinsicht ist; in Hinsicht auf das vulgäre Sein, in Hinsicht auf das Schreckliche und in Hinsicht auf das Unreine; am Ende in Hinsicht auf nichts.« Daher wird Troppmann in *Das Blau des Himmels* nichts gegen Gott sagen, zumindest im Wesentlichen nicht, das heißt nichts gegen dessen Existenz, außer dass Gott selbst sich auf die Höhe des Werks des Todes begeben muss – Vulgarität, Schrecken, Unreinheit – um nicht zu sterben (Dirty sagt es selber, sie, die sich in einer Wiener Kirche »der Länge nach mit von sich gekreuzten Armen zu Boden geworfen« hatte: »Ich kann mich vor ihm niederwerfen, wenn ich glaube, dass er nicht existiert.« – Wer weiß, um ihn von den Toten zu erwecken).

Das ist eine Lehre von Sade, aber interpretiert von

Klossowski (der sagte, dass Gott es versäumt hatte – bis zu Sade – *ausreichend* Gott zu sein); Sade und Klossowski, neu gedacht von Bataille (halten wir im Vorübergehen fest, dass »Auspizien« die Bedeutung von »Vorzeichen« besitzt, die in diesem Buch in Hülle und Fülle auftauchen und fast zum Titel erkoren worden wären, wie alle Bücher Batailles *Vorzeichen* sind).

Was allerdings noch merkwürdiger ist und eine zusätzliche Verdoppelung oder Teilung bewirkt (eine dieser lawinenartigen Verdoppelungen, wie sie *Das Blau des Himmels* beschreibt): Bataille zeichnet mit seinem eigenen Namen das Vorwort zu dieser Ausgabe von *Madame Edwarda* (Jean-Jacques Pauvert éditeur, 1956), die selbst wiederum mit dem Pseudonym Pierre Angélique gezeichnet ist (wie die heimlich erschienenen Ausgaben von 1941 und 1945): Ist in Batailles Augen (oder in denen seines Verlegers) *Madame Edwarda* noch skandalöser als *Das Blau des Himmels*, so dass er nur das Vorwort mit seinem Namen zeichnet? Durchtriebene oder arglistige Überbietung, durch die das, was das Buch aufs Spiel setzt, mehr zählt als der Name des Autors.

*

Weil *Das Blau des Himmels*, das 1957 erscheint, abgesehen vom Vorwort nicht von 1957, sondern eine Geschichte aus dem Jahr 1935 ist, stellt sich die Frage, warum Bataille das Buch damals – vor dem

Krieg – nicht veröffentlicht hat. Eine klare Antwort auf diese Frage gibt es nicht. Aber eines ist sicher: Der Grund dafür ist nicht der öffentliche Anstand (anders gesagt die Zensur): Hätte Bataille nur daran gedacht, wäre das Buch erschienen, so wie *Histoire de l'œil* (Geschichte des Auges) erschienen war und während des Krieges *Madame Edwarda*, *Le Petit* (Der Kleine), etc. erscheinen sollten, unter Pseudonym, in kleinen Auflagen und klammheimlich. *Das Blau des Himmels* hat lange auf sein Erscheinen warten müssen und niemand weiß genau warum. Ein Grund, der ins Auge gefasst worden ist: Laure (Colette Peignot), ab 1934 seine Lebensgefährtin, hätte dieses Buch nicht gefallen, oder sie hätte gar an ihm gelitten, es hätte sie verletzt. Durchaus möglich, ja, zugestanden; aber zuzugestehen, dass allein dies Bataille dazu bewegt haben könnte, das Buch zurückzuhalten, fällt schwer, schließlich verhielt er sich im Wesentlichen weiterhin genau so, wie es im Buch beschrieben ist: Sich stets ein wenig mehr entziehend, auch derjenigen, die ihm am engsten verbunden war und der er am engsten verbunden war: »Ich weide mich heute daran, ein Gegenstand des Schreckens und des Abscheus zu sein für das einzige Wesen, dem ich verbunden bin«, schreibt er zu Beginn von *Das Blau des Himmels*. In der Zwischenzeit ist das »Wesen« ein anderes, oder je schon austauschbar, er aber bleibt ganz für solch eine Wollust geschaffen, eine Wollust, die nicht im Zaum gehalten, nicht zurückgehalten werden kann.

Ein anderer Beweggrund könnte eine Rolle gespielt haben, freilich kann es da keine Gewissheit geben, ein Beweggrund, auf den ich zurückkommen muss. Ein politischer. So ernüchtert Bataille auch in politischer Hinsicht war, konnte es wohl kaum einen schlechteren Zeitpunkt für das Erscheinen dieses Buchs geben, eines Buchs, zumal von ihm, das eine derartige Ernüchterung zur Schau stellte. Es konnte gut sein, dass die Revolution bereits nicht mehr möglich war, der Krieg aber im Gegenteil sehr wahrscheinlich: Er aber durfte nicht derjenige sein, der das offen aussprach. Die »Unanständigkeit« Batailles mag schrankenlos anmuten, gleichwohl mag ein unerwarteter »Anstand« ihn »eingeschränkt« haben.

*

1957. Verweilen wir noch einen Augenblick beim Erscheinungsjahr von *Das Blau des Himmels*. Denn im selben Jahr erscheinen auch *L'Érotisme* (éditions de Minuit – Der Erotismus) und *La Littérature et le mal* (Gallimard – Die Literatur und das Böse). Die drei Verleger veranstalten gemeinsam einen Empfang, zumal der sechzigste Geburtstag ihres Autors einen weiteren Anlass bietet. Marguerite Duras führt ein Gespräch mit ihm, für *France Observateur*. Im Januar 1958 widmet die junge Zeitschrift *La Ciguë* Bataille einen knapp 25-seitigen Schwerpunkt.[1] Anerkennung? Ebenso flüchtig wie geniert. Im Übrigen die einzige zu Lebzeiten. 1961 werden Teile aus *Les Larmes d'Eros* (Die Tränen des Eros) verboten, eine partielle Zensur. Im selben Jahr veröffentlichen die éditions Grasset ein von Bernard Pingaud herausgegebenes anthologisches und kritisches Nachschlagwerk zur zeitgenössischen Literatur unter dem Titel *Écrivains d'aujourd'hui. 1940–1960* (Schriftsteller von heute. 1940–1960). Im Unterschied zu zahlreichen ähnlichen Werken zeugt dieses von kritischer Pertinenz (stellt ein sicheres Geschmacksurteil unter Beweis): Neben Autoren, denen dort nicht zu begegnen, kaum vorstellbar war (Camus, Beauvoir, Sartre, Merleau-Ponty...), finden sich auch Barthes, Blanchot, Beckett, Bonnefoy, du Bouchet, des Forêts, Cioran, Duras, Genet, etc. Aber nicht Bataille. Kein einziges Wort über ihn. Und das ein Jahr vor seinem Tod, zu einem Zeitpunkt also, da sein Werk »vollendet« vorlag. Selbst dieses anthologische und kritische Buch also übersieht *Le bleu du ciel*, *L'Expérience intérieure* (Die innere Erfahrung), sogar das kurz zuvor erschienene *L'Impossible* (Das Unmögliche). Genet zum Beispiel wird also weniger gestört haben als er! Man kann daraus einen Schluss ziehen, der Bataille nichts hinzufügt (ihn nicht »verfemt«) und Genet nichts wegnimmt (ihn nicht »absegnet«): Das mit ihren Namen verbundene Skandalöse wird nicht ein und derselben Art gewesen sein. Der Skandal Bataille war nicht so beschaffen, dass er ausreichend oder umgehend vereinnahmt werden konnte.

*

Wenn man nun in Betracht zieht, dass *Das Blau des Himmels* 1935 geschrieben wurde, und nicht erst 1957, dann nimmt es unter Batailles Werken einen ganz anderen Platz ein. Das heißt einen Platz nach *Histoire de l'œil* (Geschichte des Auges). Aber von *Histoire de l'œil* bis zu *Le Bleu du ciel* ist es ein weiter Weg. Auch *Histoire de l'œil* ist entsetzlich, schauerlich, stellt dar, was bis dato einzig Sade dargestellt hatte, aber ist auch heiter, schelmisch. Achtungsvoll gegenüber nichts, frevlerisch gegenüber allem, bis zum Exzess ... und doch ist da eine alles durchziehende Wonne, eine Freude (die Kindheit ist noch spürbar), wie es sie in *Das Blau des Himmels* nie gibt. Dort ist alles säuerlich, willenlos und voller Gewalt. Und auch nieder, hässlich und schmutzig. Dreckig: alles ist *dirty*, Name und Eigenschaft derjenigen, die diese Geschichte nicht weniger nährt als Troppmann. Alles geht aus einem Albtraum hervor, in dem man das Reale flieht, oder zumindest zu fliehen meint, der tatsächlich nur die wiederholte, verdoppelte Form des Realen ist, vor dem, wie man rasch erfahren muss, keine Flucht mehr möglich ist: ein Grauen. Keine Spur mehr vom verrückten, anzüglichen, frevlerischen Gelächter aus *Histoire de l'œil*, alles unwiederbringlich futsch. Es gibt eine »Passage« durch *Das Blau des Himmels*, die schändlich und strahlend ist, wie ein Anbruch der Finsternis vom Grund unter den Füßen aus. Bataille musste mit *Das Blau des Himmels* bis auf den Grund gehen und sich dort als zu allem unfähig beschreiben, zu allem außer bis auf den Grund zu gehen, mit jeder Bewegung ein wenig mehr, um sich vor ihm zu retten oder in ihm aufzugehen. Die Übelkeit erregende Maßlosigkeit (in diesem Buch wird ebenso viel gekotzt wie gesoffen; das Stürzen-Trinken: »schaurige Antwort auf die schaurigste Besessenheit«) hat die prometheische Überbietung aus *Histoire de l'œil* vollends ersetzt. In den nachfolgenden Erzählungen (aus dem Krieg: *Madame Edwarda*, *Le Petit*, *Histoire des rats* ...) verhält es sich nicht anders – bewundernswerte Erzählungen, die zu den obszönsten und reinsten gehören, kurz bis zum Exzess, keine Romane, etwas, für das es keine Bezeichnung gab (und das im Übrigen auch von niemandem bezeichnet wurde, da es von niemandem gelesen wurde), das erst später bezeichnet wurde, als andere Ähnliches schrieben, oder es versuchten – die gesamte moderne Literatur stammt davon ab.

*

Schmutzig sind in *Das Blau des Himmels* alle. Am schmutzigsten ist Lazare. Der Erzähler wird nicht müde, es andauernd zu sagen. Sie ist es, weil sie sich »vernachlässigt«. Weil sie ungepflegt ist. Das ist es, was er als »Lebemann« (in der Sprache jener Zeit) bemerkt und sagt, er, der bei Frauen an Spitzenwäsche und lackierte Fingernägel gewöhnt ist und nur schöne, saubere, frische Frauen begehrt. In Wahrheit, und weil ihr Leben ganz aus Moral und Politik besteht, mutet Lazare wie eine Heilige an. Troppmann selbst erscheint sie als eine solche, und nichts verachtet er mehr als Heilige. Aber zugleich gibt es nichts, das ihn stärker fasziniert. Es ist ein fürchterliches Porträt, das alle Leser berührte. Und zwar umso mehr als man nicht daran zweifelte, in ihm die Züge Simone Weils zu erkennen (genauer gesagt zeigte man sich erst nach ihrem Tod gerührt, als man endlich anfing, sich mit ihr zu beschäftigen). Von solch einem Porträt, unbarmherzig in der Tat, wenn auch gewiss getreu, kann man Folgendes sagen, wodurch es immerhin etwas abgemildert wird: Es ist das komplexeste und ambivalenteste im Buch.[2] Folglich manifestiert sich in Lazare bald das, was Troppmann am meisten hasst, bald das, was er am meisten bewundert. Hass und Bewunderung in eins. Denn einzig Lazare ist ganz und authentisch, sie allein trägt die einzige hartnäckig idealistische Figur des Romans oder die einzige Verkörperung eines hartnäckigen, aufrichtigen Idealismus; und keinesfalls eines x-beliebigen: des revolutionären Idealismus, des einzigen, den Troppmann noch zu dem seinen machen könnte, wenn es denn sein müsste – wären da nicht seine mutwilligen Ausschweifungen, die ihn eben daran hindern, es ihm untersagen (und wer weiß, vielleicht sind diese Ausschweifungen das einzige Mittel, das er finden konnte, um schlussendlich gegen das anzukämpfen, was in ihm noch an Idealismus übrig war, an Idealismus als solchem, *a fortiori* an der revolutionären Variante seines möglichen und vormals religiösen Idealismus. In dieser Hinsicht ist Lazare auch ein Wunder, sie ist es für alle, sie ist es selbst für ihn, das einzige Wunder dieses Romans: schön und hässlich, rein und schmutzig, beispielhaft und beängstigend, entschlossen und ohnmächtig, wie Troppmann sie sieht (der alles doppelt sieht, weil Bataille alles doppelt sieht, nicht nur weil Troppmann Batailles Doppelgänger in diesem Roman ist, und auch nicht nur weil er – wie Bataille – trinkt und das Trinken dazu führen kann, dass man alles doppelt sieht, sondern weil Bataille im Wesentlichen Gnostiker ist, und, seit seiner Hegel-Lektüre *via* Kojève, Dialektiker). Und tatsächlich ist an Lazare nichts falsch. Es musste ja irgendjemand in dieser Erzählung die Wahrheit in Empfang nehmen – und die Wahrheit dieser Erzählung. Ihr steht sie zu, weil beide, Lazare und die Wahrheit, schmutzig sind. Und weil diese Wahrheit (moralisch oder politisch oder beides in eins) ent-täuscht werden muss, worauf sich Troppmanns verrückte Willenlosigkeit verwendet. Diese Ent-täuschung wird auf Lazare zurückfallen. Gewiss, sie kann alles wollen, sie kann sogar in allem Recht haben, das heißt in jeder moralischen und politischen Hinsicht in Spanien, in Barcelona, zu Beginn des Bürgerkriegs, alles an ihr ruft Schrecken hervor und ihr Wille wird in Troppmanns Augen nichts als Unheil bringen, seit er weiß – wie schlecht auch immer es um seine Klarsicht stehen mag, wie sehr auch immer seine Ausschweifungen sie getrübt haben mögen – dass die

Geschichte ihm Recht geben wird. Er sagt es: Lazare ist nicht »revolutionär«, wie sie es vorgibt, sondern religiös (»Ich dachte: Sie ist Christin. Na klar!«). Als Christin aber wird sie nicht weniger Geschmack am Tod finden als er, wird sie nicht weniger als er versuchen, sich zu verlieren, und wäre auch die Verlorenheit, nach der sie sucht, ganz und gar anders, und wäre sie gar »erbaulich« (womit Troppmann Recht hätte: Sie nähme dann den Platz der Religion ein, die immer und überall sagt: Dieser Revolutionskrieg ist vielleicht schon im Voraus verloren; wir werden uns in ihm dennoch nicht für nichts geopfert haben – Lazare hat die Gestalt des Opfers, von dem Bataille immer besessen gewesen ist).

Vielleicht hat man die Figuren dieses »Romans« nicht nah genug nebeneinandergestellt. Ich meine: Wenn Lazare »schmutzig ist«, dann Dirty auch, *per definitionem* sozusagen, geradezu eine Ausgeburt des Abschaums, die Anbetung verdient, nicht weniger als Lazares Heiligkeit: »[...] ich hatte immer Lust, mich ihr zu Füßen zu werfen. Ich achtete sie zu sehr, und ich achtete sie gerade, weil sie vor lauter Ausschweifungen ganz verloren war«. Und für Xenia trifft dies auch zu, denn sie schwankt zwischen ungezügeltem Sex (die Verlorenheit) und Liebe (die Erlösung) ; zwischen der Bourgeoisie, zu der sie gehört (der alten Welt, die untergeht oder eine Renaissance erlebt), und der Revolution, die sie herbeizuwünschen behauptet (die neue, zu erschaffende Welt). Von Xenia und Dirty ist behauptet worden, dass sie zusammen ein Doppel-Porträt Laures seien oder Laures Porträt sich in ihnen teile. Mag sein. Mag sein, dass Batailles Leidenschaft für Laure so beschaffen war, dass ein Porträt Laures nur geteilt sein konnte, wie er, der es darum nicht weniger in allen Teilen, das heißt *auf jede Weise* liebte, während sie es in *keiner Weise* liebte. Weshalb sie eben dieses Buch nicht geliebt hätte, weshalb er es eben nicht veröffentlichte. Freunde von beiden haben das gesagt und es gibt keinen Anlass, ihnen nicht zu glauben.

(Auch möglich: dass Bataille unter den Zügen Troppmanns nach seinem eigenen Heil suchte, einer doppelten Verlorenheit zu entkommen suchte: einer persönlichen und politischen.)

*

Alles in *Das Blau des Himmels* mutet wie aus einem Roman an. Und es ist auch einer, zweifellos, zumindest in dem Sinn, wie er den Gewohnheiten entsprach. Zugleich ist es kaum ein Roman. Seltsamer Roman, in der Tat, in dem alles wirklich wäre (und so ist es), abgesehen von einer völligen Zuspitzung (der Figuren, der Situationen). Dessen Interpreten (die Figuren) es auch wären, real und wiedererkennbar, selbst wenn keiner ganz genau derjenige ist, als den man ihn wiedererkennt, selbst wenn es vorkommt, dass einige sich in ihm viel leidenschaftlicher, wahnsinniger, verrückter, verlorener erweisen –

als man, nach dem zu urteilen, was man von ihnen weiß, erwartet hätte.

Man ist sich einig: In Troppmann steckt viel Bataille, in Lazare viel Simone Weil, in Xenia und Dirty viel Laure – die Interpretation scheint an dieser Rollenverteilung kaum Zweifel zu hegen. Und allemal zu wenig für einen »Roman«; und doch zu viel für ein »Notizheft«, für ein »Tagebuch«. (Die Frage nach der Gattung hört in der zeitgenössischen Literatur, die mit *Das Blau des Himmels* beginnt, nur sehr selten auf, ein Problem darzustellen.)

Es ist zweifellos besser zu sagen, dass Troppmann, Dirty, Xenia, Lazare, sogar Michel *Figuren* sind, die einige als stark, andere als verzagt oder inkonsistent empfinden mögen. Anstatt von *Gestalten* oder *Personen* zu sprechen, die Züge von Bataille, Laure, Weil annehmen, aber eben gleichsam »überzogene« Züge – das heißt übertragen auf die Ebene unbestreitbar tragischer Umstände. Tragödie, deren Umstände weniger moralisch oder existentiell sind (solche Umstände genügten nicht, oder genügten allenfalls, um einen bürgerlichen Roman mehr hervorzubringen), sondern geschichtlich. Halten wir uns an diesen Aspekt, der die unermessliche Größe des Buchs ausmacht: Die Tragödie ist rein geschichtlich (während des Drama intimistisch ist); nur die geschichtliche Tragödie kann dazu führen, dass es endlich zu einer Antwort kommt auf die Erwartung, die alle diese Figuren hegen, selbst wenn sie selbst nicht genau wissen, um welche Erwartung es sich handelt –

scheint es nicht so, dass alle erwarten, dass irgendetwas geschehen möge, das ihrer aufrichtigen oder grotesken Erwartung etwas verliehe, das sie endlich rechtfertigen könnte?

Genau das ist der Fall: Auf allen Wegen, die das Buch einschlägt, ist die Tragödie schon da, schon eingetroffen oder bevorstehend (hierin erweist sich das gleichsam schlafwandlerische Genie des Buchs): in Paris (nach den Kundgebungen der rechtsextremen Verbände am 6. Februar 1934), in Barcelona, Prüm, Trier, Koblenz, Frankfurt, etc., überall da, wo Bataille einige Monate zuvor gewesen war, und Troppmann, sein Schatten, mit ihm, nach ihm (aber nicht Wien, wo Bataille – im Gegensatz zu Troppmann im Roman – nicht am Tag nach der Ermordung des Bundeskanzlers Dollfuß gewesen ist), als ob der »Zufall« oder die »Vorzeichen« den einen wie den anderen mit sicherer Hand dahin geleiten sollten, wo ihnen etwas Recht geben würde, oder zumindest der Verlorenheit, nach der sie suchten. Bataille schrieb 1957 einige Zeilen, die als »Argument« zum 22 Jahre zuvor geschriebenen Buch dienen sollten. Dort heißt es, er habe »eine Gestalt« gezeichnet, »die sich fast zu Tode verausgabt durch Sauferei, durchgemachte Nächte und Bettgeschichten.« Minimalistischer Rückblick, minimal intim sogar, worin die von ihm stets an den Tag gelegte Bescheidenheit zu erkennen ist. Immerhin fügt er hinzu: »Diese willentliche und systematische Verausgabung ist eine Methode, die die Verlorenheit in

Erkenntnis umwandelt und den Himmel im Niederen entdeckt.« Ein bewundernswerter Zusatz. Der die Interpretation des Buchs wesentlich auf den Schluss ausrichtet, auf die Szene der sexuellen Vereinigung oberhalb eines Friedhofs in der Nähe von Trier[3], eine im Übrigen bewundernswerte und zudem in jeder Bedeutung des Wortes *umstürzende* Szene, die aus dem Himmel in der Tat etwas »Niederes« macht, etwas »sehr Niederes« sogar. Der vor allem Folgendes sagt, und das ist das Wesentliche: dass es dort um eine »Methode« geht, die sich an der Erkenntnis bemisst, die einzig sie allein liefern kann. Wo Rimbaud sich wiederkehren sieht, der von der Zügellosigkeit aller Sinne sprach, die sich Troppmann zum Gebot macht. Und wo sich Nietzsche zu Rimbaud gesellt und ihn steigert. Es genügt nämlich nicht, alle Zügel fahren zu lassen, es muss auch alles »umgestürzt« werden. Es geht darum, den Himmel sichtbar zu machen, wie blau auch immer, und zwar von oben. Einziger Materialismus laut Batailles beständiger Lehre.

*

Was auch immer und wie geniert auch immer über die ausufernde Nekrophilie dieses Buchs, und mit ihm seines Autors, verlautbart wurde: Sie hat dort letztlich nur diesen einen Sinn, den zu sehen man sich oft geweigert hat: Der Tod stürzt alles um. Unter allen Vorstellungen kann das einzig der Tod, er stürzt alles um, immer. Weshalb dieses Buch zur »Vanitas« gehört, eine Gattung, die eher der Malerei als der Literatur entstammt, hier aber der Literatur, und zwar im höchsten Maße. Weshalb auch Bataille immer noch christlich ist, wenigstens teilweise, obwohl er jedes Mal widersprochen hat, wenn man ihm das sagte (selbst seinem Freund Klossowski, als dieser es ihm sagte, später, nach dem Krieg).

Man hat tatsächlich von »Nekrophilie« gesprochen, und man spricht immer noch davon. Doch was wurde eigentlich dazu gesagt? Nichts Genaues und nichts Intelligentes: wohl eine Pathologie, das ist evident, und Troppmann verbirgt diese Evidenz nicht, er gesteht sie sogar bereitwillig, aus Provokation und darum besorgt, wahr zu sein: »Weißt du eigentlich, dass ich einen lasterhaften Hang zu Leichen habe ...«, sagt er Xenia, die das vielleicht nicht vollkommen übersehen hatte, allerdings ohne zu wissen, was das *in Wahrheit* sagen will. Wohl auch die Pathologie des Autors, Bataille, seines Doppelgängers. Die beide, Troppmann und Bataille, von sich sagen, dass sie Prostituierte lieben, was bereits schuldhaft ist (wenn auch damals weniger als heute), die zudem behaupten, dass sie diese Prostituierten wie Tote lieben (»Auf alle Fälle begriff ich, dass die Prostituierten auf mich eine ähnliche Anziehungskraft ausübten wie Leichen.«), was noch schuldhafter ist. Troppmann gibt sich sogar in *Das Blau des Himmels* vor dem Leichnam einer »alten Frau«, von dem er erst später, in einer zweiten Schilderung dieser Szene, sagen wird, dass es sich um den Leichnam seiner Mutter handelte, erschwerender Umstand, beschämenden Selbstberührungen hin, die ihn in der Tat verurteilen, wenn man ihn denn verurteilen will, wenn man aus ihm einen »Krankhaften« machen will (und genau das will er).

Erstaunlich daran ist Folgendes: dass man weniger an der Wahrhaftigkeit dieser frevlerischen Schilderungen zweifelt, als daran, dass er sich in dieser Weise nur bloßstellt, damit man ihn für schuldig hält, ihn tadelt und eben verurteilt. Unterm Strich hört die Moral nicht auf, über die Interpretation zu herrschen, sogar noch über das, was nur dazu da zu sein scheint, sie zu verlachen. Denn nicht allein über diese möglich-unmöglichen Schändlichkeiten unterrichtet uns Troppmann, und auch Bataille nicht allein über die seinen, die er hier auf Troppmann überträgt, sondern vor allem über die beharrliche, repetitive Schändlichkeit der Geschichte. Über ihre intrinsische Pathologie. Bataille/Troppmann mögen auf maßlose Weise Geschmack am Tod finden; vor dem hervorstechenden Geschmack am Tod, wie ihn die Geschichte an den Tag legt, weichen sie darum nicht weniger zurück, denn dieser von der Geschichte gehegte Geschmack am Tod ist von ganz anderer Art. Nicht zufällig endet der Roman mit dem faszinierenden und abstoßenden Spektakel (das Troppmann fasziniert und abstößt) des Musikkorps nazifizierter Kinder, das bereits auf einen ganz anderen, inkommensurablen Skandal vorausdeutet, den keine Moral je wird ermessen können: »In der Ferne sah ich ... eine Kinderarmee in Schlachtordnung. Sie waren zwar reglos, doch in einem Trancezustand. Ich sah sie, nicht fern von mir, von dem Verlangen besessen, in den Tod zu rennen. Verzaubert von grenzenlosen Gefilden, auf denen sie eines Tages lachend im Sonnenschein vorwärtsstürmen würden: Hinter sich würden sie die Sterbenden und die Toten zurücklassen.« Der Tod, dem sich Troppmann ergeben wollte, hat nichts gemeinsam mit dem Tod, dem diese fanatisierten Kinder, ihn überall aussäend, entgegenrennen.

Wer den umgestürzten Himmel sieht, der sieht schlussendlich den umgekehrten Himmel oder die Kehrseite des Himmels; der sieht die Hölle. Die Hölle des Himmelwegs.[4] Die *Vorhergesehene*.

*

Das Blau des Himmels hat keinen Skandal ausgelöst. Wobei das Buch eigentlich zu einem solchen hätte führen müssen (wie der *Abbé C*, der einen Skandal nach sich gezogen hatte, sieben Jahre zuvor, in der kommunistischen Presse) – wäre es denn gelesen worden, was anscheinend nicht der Fall war (zumindest gibt es keine Rezension, keine Kritik, die eine Lektüre bezeugen könnten). Weil nicht der Exzess gewisser Szenen, die Schwärze der Darstellungen und zum Schluss das Sich-Ergeben in die Ausweglosigkeit das Skandalöse in diesem Buch ausmachen, sondern etwas ganz Anderes: dass es ein »lasterhafter« Intellektueller war (Bataille, wenn man denn letztlich zugesteht, dass Troppmann auch Bataille ist, zumindest teilweise), der *vorhergesehen* und besser als jeder andere Intellektuelle, jeder andere moralische oder politische Heilige (Breton zum Beispiel), dargestellt hat, was kommen musste, allen Revolutionen entgegen, wie sie von all jenen Intellektuellen gewollt waren, die somit zumindest diese eine Gemeinsamkeit hatten. Dass seine Entgleisungen ihn, ein Wrack, das »sich fast zu Tode verausgabt durch Sauferei, durchgemachte Nächte und Bettgeschichten«, wie Bataille es über Troppmann sagt, stets dahin geleitet haben, wo die allgemeine Entgleisung bald schon aus allen Wracks machen sollte – Wracks der Geschichte. Breton hatte einige Jahre zuvor (im *Zweiten Manifest des Surrealismus*) versucht, Batailles paradoxe Moral, an der er Anstoß nahm, an den Pranger zu stellen. Bataille rächt sich in diesem Buch. Die Scheiße, fragt er, haben Breton und die Surrealisten, die sich aus Sade ein Programm basteln, sie denn gefressen? Nein, denn dazu sind sie viel zu beschäftigt mit ihren poetischen »Tresor-Terrarien«. Den idealistisch-poetischen Terrarien und Schatzinseln wird Bataillle in *Das Blau des Himmels* ein für alle Mal seine infernalische und endgültige »Bodenständigkeit« entgegensetzen.

Buchstäblich anti-surrealistisch, dieser Roman.

*

Das Blau des Himmels ist also 1957 endlich erschienen, 22 Jahre nachdem Bataille das Buch vollendet hatte, in den éditions Jean-Jacques Pauvert, zeitgleich mit *L'Erotisme* (Der Erotismus) und *La Littérature et le mal* (Die Literatur und das Böse). Pauvert, der junge und zügellose Verleger (30 Jahre alt), der erste, der eine vollständige Sade-Ausgabe herausbrachte, weshalb er umgehend angeklagt und verurteilt wurde. Bataille tritt bei diesem Strafprozess am 15. Dezember 1956 als Zeuge auf (von den vier Zeugen, auf die sich die Verteidigung beruft, werden nur er und Jean Paulhan erscheinen; Breton hingegen wird sich mit einem Brief bescheiden). Was Bataille dort sagt, betrifft die Literatur als Ganzes, das heißt ihren Grundsatz; und betrifft im Besonderen Sades Literatur, mit der die Literatur ihre höchste Intensität erreicht; betrifft aber auch Batailles Literatur, von der *Das Blau des Himmels* Zeugnis *pro domo* ablegt: »Gegenwärtig müssen wir lediglich die Möglichkeit festhalten, durch Sade in eine Art Abgrund des Grauens hinabzusteigen, einen Abgrund, den wir kennen sollten, den zur Sprache zu bringen, zu erhellen und zu erkennen außerdem die Pflicht insbesondere der Philosophie ist – und ich vertrete hier die Philosophie. [...] Meines Erachtens ist jemandem, der dem, was der Mensch bedeutet, auf den Grund gehen will, die Lektüre Sades nicht nur zu empfehlen, sie ist ihm völlig unerlässlich.« In der Tat, wie sollte man in dem »Abgrund des Grauens« nicht das erkennen, was in *Das Blau des Himmels* beschrieben wird (was tatsächlich in fast allen seinen Büchern beschrieben wird)? Und wie sollte man überhören, dass wir unbedingt Erkenntnis von solch einem Grauen erlangen müssen, wenn wir auch nur ein wenig dem auf den Grund gehen wollen, was der Mensch ist, was er »bedeutet«, vor allem zu was er fähig ist.

*

Sechs Monate nachdem er *Das Blau des Himmels* vollendet hat, vielleicht aus demselben Beweggrund heraus, der ihn zu dem Entschluss veranlasste, das Buch nicht zu veröffentlichen, es möglicherweise für später zurückzuhalten (es schließlich vergessend, wie er sagen wird), nimmt Bataille nach seiner Rückkehr nach Paris den politischen Kampf wieder auf und ruft die Zeitschrift *Contre-Attaque* ins Leben, eine der letzten Aufwallungen der intellektuellen und revolutionären Ultralinken vor dem Ausbruch des Zweiten Weltkriegs, der sich unter seinen Freunden insbesondere diejenigen anschließen, die ihn schon jahrelang bei seinen Unterfangen begleitet hatten (was er als seine »Organisation« bezeichnete). Der sich auch Breton anschließt, zum ersten Mal, trotz ihrer früheren und so heftigen Auseinandersetzungen, mit seinen Freunden im Gefolge, den Surrealisten. Eine unwahrscheinliche, gleichsam überstürzte Allianz, erzwungen durch den Ernst der Lage. Wie es einer der konstitutiven Traktate sagt, handelt es sich darum, die Welt vor dem »Albtraum« zu retten, vor »der Ohnmacht und dem Blutbad, in dem sie versinkt«. Albtraum, Ohnmacht, Blutbad, diese drei Worte sind wie ein Echo von *Das Blau des Himmels*, mit ihnen endet das Buch gewissermaßen.

Unlogisch? Ganz im Gegenteil: streng logisch. Der Autor von *Das Blau des Himmels*, ein und derselbe, hat zugleich, »1934–1935«, ein »Tagebuch« geschrieben, zumindest tägliche Notate, das als Doppelgänger des Romans dient (teils Troppmann: Auswüchse, Sex, Alkohol; teils Bataille: Analysen, Theorien – aber im Verhältnis umgekehrt, denn in ihm überwiegt die Politik).

Dort liest man in einem Eintrag vom 30. Januar 1933, dem Tag, da Hindenburg die Macht in Hitlers Hände gab: »[...] sicher eines der düstersten Daten unserer Zeit.« Am 13. Februar 1934, zur Niederschlagung des sozialistischen Aufstandes in Wien: »Diese katastrophische Nachricht lässt sich ohne Weiteres entziffern: Das nationalsozialistische Österreich. Aus allen Richtungen rücken die Faschisten vor in einer Welt, in der es bald schon keine Luft zum Atmen mehr geben wird.« Und im Hinblick auf Spanien: »Und wenn auch die spanische Revolution nur ein Randphänomen gewesen ist, ohne mögliche Auswirkung außerhalb Spaniens, so droht jetzt hingegen die allgemeine Erschütterung Europas, neuen Ereignissen im Zusammenhang einer ausweglosen Situation die rein tragische Ausrichtung zu verleihen.«

Das Blau des Himmels hat Bataille anstelle des Essays *Le fascisme en France* (Der Faschismus in Frankreich) geschrieben, an dem er zuvor gearbeitet hatte. Von diesem Essay ist nur der Artikel »La structure psychologique du fascisme« (Die psychologische Struktur des Faschismus) überliefert. Anhand dieses in jeder Hinsicht bemerkenswerten Artikels können wir uns eine Vorstellung davon machen, was dieser Essay geworden wäre.

Doch die Dringlichkeit der Lage erforderte anderes als essayistische Schriften. Einzig die Literatur konnte diese beispiellose Dringlichkeit ermessen. Ein »Roman«, so wenig es auch einer war.

Aus dem Französischen
von Tim Trzaskalik

1 Mit Beitragen von René Char, Marguerite Duras, Jean Fautrier, Louis René de Forêts, Michel Leiris, André Malraux, André Masson und Jean Wahl.

2 Ambivalenz, die insbesondere von ihrem Namen bezeugt wird, bei dem der Autor sich darauf versteift, den Tod zu sehen, bei dem aber die Vorstellung der Auferweckung unmöglich nicht mitschwingen kann, und sollte sie auch unvollständig oder gar unmöglich sein. Nach dem Krieg wird der Widerstandskämpfer und KZ-Überlebende Jean Cayrol von »lazarenischer Literatur« sprechen: die durch die Erfahrung der Deportation geprägte Literatur jener, die aus den Lagern zurückgekehrt waren (ohne je ein für alle Mal zurückzukehren, und weniger noch ganz und gar oder durch und durch): »Aber warum kann der lazarenische Held in keine Geschichte eintreten. Alles wird von seiner Person gelähmt. Er verharrt in der Unbeweglichkeit; er verliert sofort den Kopf, sobald er sich in einer Handlung zurechtfinden, die Initiative ergreifen, einen Wendepunkt herbeiführen soll. In einem lazarenischen Roman gibt es keine Geschichte, keine Triebfedern, keine Intrige. Die Figuren rücken sprunghaft vor, sie kauern sich mitunter wie Tiere im Urwald zusammen, mitunter in einem so starken Begehren, wiedergefunden, verstanden, geliebt zu werden, dass sie daran sterben.« (Jean Cayrol, *Les corps étrangers*, Paris, éditions du Seuil, 1964, S.219). Tatsächlich könnte *Das Blau des Himmels* zu einer lazarenischen Literatur *ante litteram* zählen.

3 Ist es Zufall, dass der Roman in London beginnt, wo Marx begraben liegt, und in Trier, der Geburtsstadt des Philosophen, gewissermaßen an seinen Kulminationspunkt gelangt?

4 A.d.Ü.: Als »Himmelweg« oder »Himmelsweg« bezeichneten die Schergen in den nationalsozialistischen Vernichtungslagern den Weg, der die zur Vergasung dorthin verschleppten Menschen von der Rampe zu den Gaskammern führte.

Georges Bataille, 1897 in Billom, Puy-de-Dôme geboren, war von 1922 bis 1942 als Bibliothekar an der Bibliothèque Nationale tätig, in der er Walter Benjamins Manuskripte versteckte und so vor der Vernichtung rettete. Vom Surrealismus wie auch von Kojève geprägt, verfasste er ein in seiner Bandbreite einmaliges und international höchst einflussreiches Werk. Er starb 1962 in Paris.

Matthes & Seitz Berlin · Paperback · 001

Zweite Auflage dieser Ausgabe 2026

Umschlaggestaltung: Pauline Altmann, Berlin
Satz: Michael Rosenlehner, Berlin
Druck und Bindung: GGP Media GmbH, Pößneck
ISBN 978-3-95757-643-9
www.matthes-seitz-berlin.de

Georges Bataille

Die innere Erfahrung

Aus dem Französischen von Gerd Bergfleth

ISBN 978-3-95757-354-4

In seinem wohl wichtigsten Buch, versucht Georges Bataille – geschult an Kierkegaard, Nietzsche und Hegel, die christlichen Mystiker dabei immer im Sinn – das Unausdrückbare auszudrücken, bis an die Grenzen der Selbstentblößung zu gehen, um in das Innere des Selbst vorzudringen. In unendlich erhellenden Gedankenblitzen, fragmentarisch und jegliche Systematisierung verweigernd, versucht er eine tiefere Erkenntnis ›erfahrbarer‹ zu machen, als jede Philosphie es könnte. Dieses unklassifizierbare Buch zwischen Bekenntnis und Reflexion, Poesie und Wissenschaft ist ein exzessives Abenteuer. »Ich verstehe unter innerer Erfahrung das, was man gewöhnlich mystische Erfahrung nennt: die Zustände der Ekstase, der Verzückung oder wenigstens einer meditativen Gemütsbewegung. Aber ich denke weniger an die glaubensmäßige Erfahrung, an die man sich bisher halten musste, als an eine entblößte Erfahrung, die selbst ihrer Herkunft nach von Bindungen an einen beliebigen Glauben frei ist.«

Georges Bataille

Die Literatur und das Böse

Herausgegeben und mit einem Nachwort von Gerd Bergfleth

Aus dem Französischen von Cornelia Langendorf

ISBN 978-3-88221-756-8

Literatur ist für Bataille einer der Wege zu einer unmöglichen Erfahrung zu gelangen. Das Überschreiten von Grenzen, das von der Gesellschaft als »böse« bezeichnete Brechen von Gesetzen ist das Gesetz einer freien Literatur, einer Literatur, die mehr ist als Zeitvertreib und Konsum. Baudelaire, Sade, Blake oder Kafka sind die Leitfiguren Batailles. In ihrem Werk sieht er das verwirklicht, was er von der Literatur erwartet: »Die authentische Literatur ist prometheisch. Der wahre Schriftsteller wagt zu tun, was den fundamentalen Gesetzen der aktiven Gesellschaft widersteht.« Im Überschreiten der Gesetze entzündet sich der Blitz der Erkenntnis. Doch genau darin wird die Literatur schuldig, böse.